Susanne Steidl

CHAKRA ENERGIE

Kraftvolle Impulse für die tägliche Praxis

Begleitbuch zu den 50 Karten

Die Ratschläge in diesem Kartenset sind sorgfältig erwogen und geprüft. Sie bieten jedoch keinen Ersatz für kompetenten medizinischen Rat. Alle Angaben in diesem Kartenset erfolgen daher ohne Gewährleistung oder Garantie seitens der Autorin oder des Verlages. Eine Haftung der Autorin bzw. des Verlages und seiner Beauftragten für Personen-, Sach- und Vermögensschäden ist ausgeschlossen.

Wir verzichten auf das Einschweißen unserer Kartensets – **UNSERER UMWELT ZULIEBE!**

ISBN 978-3-8434-9129-7

Susanne Steidl
Chakra-Energie
Kraftvolle Impulse für die tägliche Praxis

6. Auflage Dezember 2022

Schachtel, Karten & Begleitbuch: Elena Lebsack & Simone Leikauf, Schirner, unter Verwendung von Bildern von Corinna Insam sowie von Bildern von www. shutterstock.com (siehe Bildnachweis)
Lektorat: Claudia Simon, Schirner
Printed & bound by: Ren Medien GmbH, Germany

www.schirner.com

Inhalt

Einleitung

Ich freue mich, dass du dich mit diesem Kartenset der Energie der Chakras widmen möchtest.

Seit Jahren setze ich mich intensiv mit den Chakras auseinander, und sie faszinieren mich nach wie vor. Durch die Arbeit mit der Chakraenergie erlange ich immer wieder neue Erkenntnisse und erlebe Aha-Momente, die mich das Leben bewusster betrachten und gestalten lassen. Sie hat mich in meiner persönlichen Entwicklung unterstützt und mein Bewusstsein erweitert. So kann ich dir aus eigener Erfahrung versichern, dass die Beschäftigung mit den Chakras eine positive Auswirkung auf deinen Körper, deine Seele und deinen Geist haben wird. Deine energetischen Schwingungen werden sich erhöhen, was wiederum dein körperliches Wohlbefinden steigern und dich zu emotionaler und mentaler Ausgeglichenheit führen wird.

Die Arbeit mit den Chakras ist immer auch Bewusstseinsarbeit, denn jedes Chakra ist bestimmten Aspekten des Lebens zugeordnet. Dadurch werden sich dir stets neue Erkenntnisse offenbaren, und du wirst anstehende Entwicklungsschritte bewusster vollziehen können. Du wirst die Thematiken von körperlichen und psychischen Beschwerden und deren Zusammenhänge erkennen und verstehen. Du wirst dich so besser kennenlernen und dadurch dein Leben selbstbewusster und aktiver gestalten. Somit ist die Arbeit mit den Chakras hilfreich für deine körperliche, geistige und spirituelle Entwicklung.

Das Besondere an der Energie der Chakras ist, dass du diese mit unterschiedlichen Methoden auf sanfte Weise reinigen, anregen und ausgleichen kannst. Mit diesem Kartenset bekommst du leicht anwendbare Impulse und Übungen an die Hand, die du in deinem Alltag gezielt einsetzen kannst, um die Chakraenergie zu stärken.

Die Chakralehre

Der Begriff »Chakra« stammt aus dem Sanskrit (altindische Sprache) und bedeutet »Rad aus Licht«. Aber nicht nur in der jahrtausendealten Tantra- und Yogatradition Indiens sind die Chakras von großer Bedeutung. Wir finden sie auch in anderen alten Kulturen wie in China und Tibet, bei den Indianern und den Inkas. Es gibt lediglich einige Unterschiede, was die Anzahl und Position der Chakras betrifft. In der westlichen Welt hat sich vor allem das System mit den sieben Hauptchakras durchgesetzt, die du auch in diesem Kartenset findest.

Die Chakras sind feinstoffliche, kreisförmige, sich drehende Energiezentren, die uns mit wertvoller Lebensenergie versorgen. Sie sind entscheidend für unseren energetischen Zustand, unser psychisches und emotionales Gleichgewicht und unser Entwicklungspotenzial. Durch ihre Drehung nehmen sie die kosmische Lebensenergie (Prana) in sich auf, die durch die Energiebahnen (Nadis) in den physischen und den feinstofflichen Körper (Aura) weitergeleitet wird.

Wenn sich ein Chakra nicht optimal dreht, kann es zu einer Unter- oder Überversorgung dieses Chakras kommen. Das bedeutet, dass die Energie nicht mehr ausreichend oder übermäßig fließt und das Chakra und seine zugehörigen Organe und Körperbereiche dadurch beeinflusst werden. Dies kann sowohl körperliche Symptome auslösen als auch die Psyche und die Gefühlswelt negativ beeinflussen.

Die Chakras bilden sich im Laufe eines Lebens heran. Eine optimale Entwicklung erfolgt dann, wenn sich ein Mensch frei und natürlich entfalten kann. Da dies eher selten der Fall ist, kommt es bei fast jedem zu Ungleichgewichten oder Blockaden, die die Tätigkeit und somit die Energie der Chakras beeinflussen. Wir Menschen haben also Chakras in unterschiedlichen Ausprägungen und damit auch unterschiedliche Lebensumstände und Bewusstseinszustände.

Chakras sind Energie-, Kraft- und Bewusstseinszentren, die einen umfassenden Einfluss auf das körperliche, emotionale, geistige und seelische Wohlergehen haben. Umgekehrt haben Gefühle, Gedanken und der körperliche Zustand Auswirkungen auf die Energie der Chakras. Deshalb findest du in diesem Kartenset verschiedenste Impulse, die sowohl auf die Energie deiner Chakras als auch auf deinen Körper, deine Gefühle, deine Gedanken und dein Verhalten einen deutlichen Effekt haben werden.

Indem du Verständnis für die Energie der Chakras entwickelst und lernst, diese für dich zu nutzen, bekommst du einen Schlüssel an die Hand, dein Leben bewusster zu gestalten.

Die Lage und Bedeutung der Chakras

Die Chakras sitzen entlang der Wirbelsäule an der Vorder- und Rückseite des feinstofflichen Körpers im sogenannten Ätherkörper (erste Ebene der Aura). Sie sind nach vorn und nach hinten wie Trichter geöffnet. Ausnahmen sind das Wurzelchakra, das sich vom Steißbein ausgehend nach unten öffnet, und das Kronenchakra, das sich oberhalb des Scheitels befindet und nach oben geöffnet ist. Des Weiteren gibt es zahlreiche Nebenchakras, die sich vor allem in den Handflächen, an den Füßen und in den Gelenken befinden.

Jedes Chakra hat eine eigene Schwingung, Thematik und Bedeutung für den Menschen. Hier findest du einen ersten Überblick, damit du die Chakras einordnen kannst. In diesem Begleitbuch gibt es zu jedem Chakra eine ausführlichere Beschreibung. Auf den Karten »Kurzinfos« findest du zu jedem Chakra eine weitere Übersicht. Zudem gibt es eine Karte, auf der die Positionen und das gesamte Farbspektrum der Chakras gezeigt werden.

Chakra	Lage	Themen	Bedeutung	Farbe
Kronenchakra	oberhalb des Scheitels, nach oben geöffnet	göttliche Einheit, Einssein, Spiritualität	Ich weiß	Violett, Weiß, Gold
Stirnchakra	oberhalb der Augenbrauen in der Stirnmitte	Intuition, höhere Führung, Bewusstsein, Visionen	Ich sehe	Dunkelblau
Halschakra	etwas unterhalb des Kehlkopfes	Kommunikation, Ausdruck, Reinheit, Wahrhaftigkeit	Ich spreche	Hellblau
Herzchakra	in der Brustmitte auf Höhe des Herzens	liebevolles Bewusstsein, Seele, universelle Liebe, Verbundenheit	Ich liebe	Grün, Rosa
Solarplexuschakra	oberhalb des Bauchnabels	Kraft, Potenzial, Fähigkeiten, Handeln	Ich handle	Gelb
Sakralchakra	unter dem Bauchnabel, oberhalb des Schambeines	Gefühle, Lebensfreude, Genuss, Sinnlichkeit, Kreativität	Ich fühle	Orange
Wurzelchakra	am Ende des Steißbeines, nach unten geöffnet	Geborgenheit, Stabilität, Urvertrauen, Lebensenergie	Ich bin	Rot

Das Herzchakra symbolisiert unsere Mitte und verbindet die drei unteren mit den drei oberen Chakras. Wurzel-, Sakral- und Solarplexuschakra sind der Materie, der irdischen Energie, zugeordnet. Sie beeinflussen vor allem unser körperliches und materielles Sein. Hals-, Stirn- und Kronenchakra sind der geistigen, spirituellen Energie zugeordnet. Sie verbinden uns mit der himmlischen, göttlichen Energie und mit unserer Intuition. Das Herzchakra funktioniert wie ein Transformator. Es gleicht die Energien der unteren und oberen Chakras aus und an und ist damit das Bindeglied zwischen dem irdischen und dem spirituellen Dasein.

Die unteren Chakras ermöglichen uns, unser irdisches Leben voll und ganz zu erfahren. Sie lassen uns unser Leben vertrauensvoll, freudvoll, zielorientiert und verantwortungsvoll gestalten. Die oberen Chakras schenken uns den Zugang zu unserer Intuition und zum höheren Bewusstsein. Durch das Herzchakra können wir die Sprache des Herzens verstehen. Das Halschakra ermöglicht uns, der inneren Stimme zu lauschen. Durch das Stirnchakra erhalten wir intuitive Bilder. Über das Kronenchakra erlangen wir intuitives Wissen.

Für unsere spirituelle Entwicklung wird es immer wichtiger, auch die unteren Chakras mit der göttlichen Energie zu verbinden und diese in unserem physischen Körper und damit in der materiellen Welt zu verankern. Dies ermöglicht uns, universelles Bewusstsein in unser alltägliches Leben zu bringen. Wir erfahren uns zugleich als irdische und göttliche Wesen. Wir erleben die physische und Geistige Welt nicht mehr als getrennt, sondern sie vereinen sich in einer – die Multidimensionalität ist unser Zuhause.

Die praktische Arbeit mit den Chakrakarten

Die Arbeit mit der Energie der Chakras kann einiges in deinem Leben verändern und bewegen. Es ist kein linearer Prozess, das heißt, du beschäftigst dich nicht nur einmal mit all deinen Chakras, und damit ist es getan, sondern du widmest dich ihnen immer wieder aufs Neue. Mit jedem Durchlauf verändert sich dein Bewusstsein, und du wirst weitere Aspekte von dir wahrnehmen. Du kannst diese Arbeit mit einer Zwiebel und ihren Schichten vergleichen: Mit der Zeit wirst du Schicht um Schicht lösen und damit tiefer in diese besonderen Energien eintauchen. So kann dieses Kartenset ein stetiger Begleiter in deinem Leben werden.

Ich empfehle dir, ein Notizbuch zu verwenden, damit du deine Entwicklungsprozesse besser verfolgen kannst. Beobachte, was sich in deinem Leben verändert, wenn du deinen Fokus auf ein bestimmtes Chakra richtest, und halte deine Erkenntnisse fest. Wenn du dich mit einem bestimmten Chakra intensiver auseinandersetzen möchtest, nimm dir am besten drei bis vier Wochen Zeit dafür. Du kannst dich natürlich auch parallel mit mehreren oder allen Chakras beschäftigen. Das geht am besten, wenn du einen bestimmten Impuls für mehrere oder alle deine Chakras zu deiner täglichen Praxis werden lässt, indem du z.B. jeden Tag mehrere oder alle Yogaübungen machst.

Die Energie der Chakras wahrnehmen

Die feinstoffliche Energie der Chakras lässt sich gut durch das intuitive Spüren oder Sehen wahrnehmen. Die Arbeit mit dem Pendel oder der Einhandrute bietet eine weitere Möglichkeit.

Intuitives Spüren

Schließe die Augen, formuliere die Absicht, deine Chakras wahrzunehmen, und bewege eine Hand mit ausgestreckten Fingern zu dem Körperbereich, wo sich das Chakra, das du spüren möchtest, befindet. Halte die Hand in einem Abstand von 15–20 cm zu deinem Körper. Du kannst die Entfernung auch variieren und so erspüren, wie du leichter wahrnimmst.

Beginne beim Wurzelchakra, indem du die Hand zwischen die Beine, unterhalb des Steißbeines hältst. Lasse die Hand etwas nach oben oder unten gleiten, damit du den Unterschied wahrnimmst. Es kann sein, dass du Wärme, Kälte, ein Kribbeln oder Pulsieren in der Hand spürst. Vielleicht nimmst du zwischen der Hand und dem Körper etwas wahr: Dichte, Tiefe, Druck … Oder du bemerkst im Körper Wärme, Dichte oder ein Kribbeln. Öffne dich ganz deinen Empfindungen und deinem Spüren. Jeder Mensch hat eine individuelle intuitive Wahrnehmung. Es gibt kein Richtig oder Falsch.

Gehe nun von unten nach oben alle Chakras langsam durch, und erspüre die unterschiedlichen Energien. Was verändert sich? Welches Chakra fühlt sich wohlig und angenehm an? Welches Chakra empfindest du als ausgeglichen, welches nicht? Gern kannst du dir Notizen dazu machen.

Du kannst die Energie der Chakras auch bei anderen Menschen wahrnehmen. Oft ist das sogar leichter, als sie bei sich selbst zu spüren.

Intuitives Sehen

Vielleicht liegt dir das intuitive Sehen etwas mehr. Schließe dazu die Augen, und stelle dir vor, dass du dich selbst in einem Spiegel siehst. Nun gehe mit deiner Aufmerksamkeit zu dem Wurzelchakra oder einem anderen Chakra deiner Wahl, und siehe es dir in deiner Vorstellung an. Vielleicht nimmst du Farben wahr, oder es zeigt sich dir als Energierad, das sich dreht. Schaue, ob es harmonisch ist, ob es eher klein oder verhältnismäßig groß ist. Betrachte so nach und nach deine Chakras, und finde heraus, mit welchem du arbeiten möchtest.

Du kannst zu Beginn deiner intuitiven Wahrnehmung die Frage stellen: »Mit welchem Chakra soll ich arbeiten?« Dann beobachte, welches Chakra in deiner Vorstellung erscheint. Es kann sein, dass es hell aufleuchtet oder du dort, wo das Chakra sitzt, körperlich etwas spürst. Vertraue ganz deiner Wahrnehmung.

Wahrnehmen mit dem Pendel oder der Einhandrute

Wenn du bereits Erfahrung mit dem Pendel oder der Einhandrute hast, kannst du diese Hilfsmittel verwenden, um die Energie der Chakras wahrzunehmen und auszutesten. Die Bewegungen und Schwingungen des Pendels zeigen dir an, wie sich das Chakra dreht: stark, schwach, rund, unrund, weit, eng oder auch gar nicht. Bei der Einhandrute stelle konkrete Fragen, die mit Ja oder Nein beantwortet werden können, z.B.: »Ist das Chakra harmonisch?«, »Hat es eine Blockade?«, oder: »Soll ich mit diesem Chakra arbeiten?« Der Ausschlag der Einhandrute wird dir die Antworten anzeigen.

Welchem Chakra solltest du dich widmen?

Du fragst dich vielleicht, mit welchem Chakra du dich zuerst beschäftigen sollst. Es gibt verschiedene Herangehensweisen:

- Beginne einfach beim Wurzelchakra, da es die Basis unseres irdischen Lebens symbolisiert, und arbeite dich Chakra für Chakra von unten nach oben durch.
- Zieht dich ein Chakra wie magisch an? Dann beginne damit, auch wenn du keine logische Erklärung dafür hast.
- Nimm die sieben Karten mit den Energiebildern (das sind die, auf deren Vorderseite kein Text steht) aus dem Kartenset, mische sie, und schließe die Augen. Dann ziehe eine Karte, und beginne mit dem entsprechenden Chakra.
- Nimm die Chakras intuitiv wahr, und arbeite mit dem, das sich dir am disharmonischsten zeigt.
- Beantworte die Fragen, die in den Kapiteln zu den einzelnen Chakras aufgeführt sind. So erkennst du, ob ein Chakra blockiert oder im Ungleichgewicht

ist. Beginne mit dem, wo du am häufigsten mit Ja antwortest.

- Finde das Chakra, indem du dich fragst, welche körperlichen und psychischen Themen dich zurzeit begleiten oder auch immer wieder in deinem Leben auftauchen. Im Begleitbuch findest du in den Kapiteln zu den einzelnen Chakras jeweils eine entsprechende Zuordnung. Hast du z. B. immer wieder Verdauungsprobleme? Dann beginne mit dem Solarplexuschakra. Ist deine Schwachstelle der Hals? Dann beginne mit dem Halschakra. Wenn du Existenzängste hast, dann widme dich dem Wurzelchakra.

Ich empfehle dir, mit dem Kronenchakra erst zu arbeiten, wenn du dich mit den anderen Chakras beschäftigt hast. Das Kronenchakra entwickelt sich im Zusammenspiel mit den unteren Chakras. Zudem ist es wichtig, dass du auf eine gute Erdung achtest, wenn du die Übungen für das Kronenchakra ausführst. Hierfür eignet sich z. B. die Meditation »Ich bin in mir verwurzelt«, die du auf der entsprechenden Karte zum Wurzelchakra findest.

Die Gestaltung der Energiebilder

Die Energiebilder sind handgemalt. Dadurch kommt die ganz eigene Qualität des jeweiligen Chakras zum Ausdruck. Jedes Chakra steht für unterschiedliche Aspekte unseres Daseins als menschliche Wesen. Gemeinsam decken sie das komplette seelische, geistige und körperliche Spektrum ab, das unser Leben ausmacht und bestimmt.

Durch das konzentrierte Betrachten der Energiebilder kannst du diese vielfältigen Aspekte und Energien intuitiv wahrnehmen. Dabei finden die jeweiligen Chakrathemen in dir eine Resonanz, werden dadurch gestärkt und ins Gleichgewicht gebracht. Es genügt, die Bilder als Ganzes zu betrachten und auf dich wirken zu lassen.

Die Form und Struktur der Blätter sowie die Hintergründe sind bei jedem Chakra anders. Dadurch werden die Grundthemen des jeweiligen Chakras noch besser zum Ausdruck gebracht. In den Bildern kannst du die Symbolik entdecken, die jedem Chakra zu eigen ist und die es von den anderen unterscheidet.

Die Aufzählung beginnt beim Wurzelchakra und endet beim Kronenchakra:

- **Anzahl der Blütenblätter:** 4 – 6 – 10 – 12 – 16 – 2 – unendlich viele
- **Farbspektrum:** Rot – Orange – Gelb – Grün, Rosa – Hellblau – Dunkelblau – Violett, Gold, Weiß
- **zugeordnetes Element:** Erde – Wasser – Feuer – Luft – Äther – Geist – reine Essenz
- **Naturentsprechung:** rote Erde, Sonnenauf- und -untergang – Mondlicht, fließendes Gewässer – Sonnenlicht, Feuer – Wiese Wald, Natur, – wolkenloser Himmel, See, ruhiges Meer – Sternenhimmel – Berggipfel, Universum
- **geometrisches Symbol:** Quadrat – Mondsichel – Dreieck – sechszackiger Stern – Kreis im Dreieck – Kreis – keiner Form zugeordnet
- **Klang:** In der Mitte jedes Chakras steht ein Zeichen aus dem Sanskrit, das sogenannte Bija-Mantra. Die Aussprache dieses Zeichens ist gleichzeitig der Klang des jeweiligen Chakras (LAM – VAM –

RAM – YAM – HAM – OM – Stille). Du findest es etwas versteckt dargestellt. Die Buchstaben sollten als solche nicht sofort erkennbar sein, denn Bilder sind intuitiver als Schrift und Wörter.

Die sieben Themenkarten und ihre Verwendung

Zu jedem der sieben Chakras gibt es sieben Themenkarten. Zusätzlich gibt es eine Karte, die die Position der Chakras zeigt.

Mir ist es wichtig, dir einen praktischen Zugang zu den Chakras zu vermitteln. Die Impulse, die ich für dich zusammengestellt habe, wende ich selbst regelmäßig an. Sie lassen sich ganz einfach in den Alltag integrieren und regen die Energie der Chakras auf vielfältige Art und Weise an.

Die sieben Themenbereiche bzw. -karten:

- **Affirmationen und Energiebild**
- **Kurzinfos**
- **Tipps für den Alltag**
- **Yoga, Mudra und Mantra**
- **Naturheilkunde**
- **Fragen zur Selbsterforschung**
- **Meditation**

Um mit den Karten zu arbeiten, kannst du sie entsprechend ihrer Themen oder ihrer Zugehörigkeit zu den Chakras sortieren.

Wähle jene Impulse aus dem Kartenset, die dir am meisten zusagen oder die du gern erproben möchtest. Du kannst dich auf ein Chakra fokussieren und mit verschiedenen Übungen seine Energie stärken. Wenn du dich z. B. mit dem Herzchakra beschäftigen möchtest, schaue dir zunächst dessen sieben Themenkarten an. Entscheide dich für einen oder mehrere Impulse, die du im Alltag für einige Zeit anwenden möchtest.

Oder du konzentrierst dich auf einen bestimmten Impuls und arbeitest mit mehreren oder allen Chakras. Wenn du z. B. gern meditierst, kannst du alle sieben Karten »Meditation« aus dem Kartenset nehmen und an jedem Wochentag eine andere Chakrameditation durchführen. Falls du Yoga magst, kannst du alle sieben Karten »Yoga, Mudra und Mantra« für deine tägliche Praxis verwenden. Damit du dich an die Übungen erinnerst, kannst du die entsprechenden Karten für dich gut sichtbar in deinem Zuhause platzieren.

Im Begleitbuch (S. 57) findest du zudem einige Meditationen, die alle Chakras ansprechen und die besonders gut für deren regelmäßige Reinigung und Aktivierung geeignet sind. Sie lassen sich auch in Kombination mit anderen Impulsen anwenden.

Was besonders wichtig ist: Mache dir keinen Druck. Gehe entspannt und locker an die Sache heran. Die Arbeit mit der Energie der Chakras soll dir vor allem Freude bereiten und Wohlgefühl schenken.

Affirmationen und Energiebild

Auf diesen Karten findest du jeweils drei wirkungsvolle Affirmationen, mit denen du deine Chakras stärken kannst. Nimm wahr, welche davon dich am meisten anspricht. Bei der Arbeit mit Affirmationen ist es wichtig, dass sie in dir positive, wohlige Gefühle auslösen. Es ist auch möglich, die Sätze etwas abzuändern, sodass sie für dich stimmig sind.

Durch ihre kontinuierliche Anwendung im Alltag sind Affirmationen in der Lage, dein Denken und deine innere Haltung zu verändern. Sie wirken im

Unterbewusstsein und sind besonders hilfreich beim Überschreiben von alten Glaubens- und Verhaltensmustern. Dazu ist es gut, wenn du dich über einige Wochen mit derselben Affirmation beschäftigst.

Du kannst die Affirmationen im Laufe eines Tages innerlich oder laut wiederholen, allerdings sind sie laut gesprochen wirkungsvoller, da du sie zusätzlich hörst. Platziere die entsprechende Karte zur Erinnerung an einem gut sichtbaren Ort. Es ist auch möglich, die Affirmationen zu verinnerlichen, indem du ein Blatt Papier nimmst und denselben Satz mindestens 30 Mal hintereinander aufschreibst.

Die Affirmationen können auch in Kombination mit der Betrachtung des Energiebildes gesprochen oder mit Meditationen oder Mudras verbunden werden. Folge einfach deiner Intuition.

Auf der anderen Seite dieser Karten befindet sich nur das Energiebild des jeweiligen Chakras, also kein Text, damit du dich ganz den

Formen und Farben und den damit verbundenen Energien widmen kannst.

Wähle zunächst das Energiebild aus, mit dem du arbeiten möchtest. Das kann intuitiv geschehen, indem du alle sieben Karten nimmst, sie mischst und eine Karte mit geschlossenen Augen ziehst. Oder du weißt bereits, mit welchem Chakra du dich beschäftigen möchtest, dann suche dir die entsprechende Karte heraus.

Lege die gewählte Karte vor dich hin, siehe dir das Energiebild an, und lasse es auf dich wirken. Nimm das Bild, seine Farben, Formen und Energien in dich auf. Lasse dir Zeit dafür. Du schaust nicht nur mit den Augen, sondern auch mit dem Herzen und dem gesamten Körper. Betrachte das Bild in dieser meditativen Haltung – versinke darin. Achte darauf, dass du das Bild nicht auf Verstandesebene zu erklären und analysieren versuchst. Wenn solche Gedanken auftauchen, kehre immer wieder in das reine Schauen zurück.

Stelle dir vor, wie die Energien des Bildes in dein Chakra hineinströmen. Gehe dazu mit deiner Aufmerksamkeit zu dem jeweiligen Chakra. Verbinde dich mit dem Energiebild, indem du dir vorstellst, dass von dort aus ein Energiestrahl zu deinem Chakra führt.

Zu Beginn deiner Betrachtung ist es hilfreich, eine Absicht auszusprechen. Beim Herzchakra kannst du z. B. sagen: »Ich bitte um die Klärung und Reinigung der Energien meines Herzchakras und darum, dass sich mein Herz öffnet.«

Zudem kannst du das Mudra des Chakras formen und sein Mantra laut oder innerlich wiederholen. Beides findest du auf der Karte »Yoga, Mudra und Mantra«.

Es ist möglich, den Fokus auf einen bestimmten Aspekt des Energiebildes zu legen, z. B. nur auf die Farben, Symbole oder Formen, denn diese haben jeweils ihre ganz eigene Schwingungsenergie. Du kannst deinen Blick auch immer wieder verändern, indem du zunächst das ganze Bild wahrnimmst, so einige Atemzüge lang verweilst, dann den Fokus auf das Zentrum des Bildes richtest, so wieder einige Atemzüge verweilst, um dann erneut das ganze Bild zu betrachten. Nimm den Unterschied wahr. Was bewirkt das in dir?

Mit den Energiebildern lässt sich Wasser energetisch aufladen. Ich empfehle dir, die gewählte Karte in eine Plastikhülle zu geben, bevor du ein Glas mit Wasser daraufstellst. Formuliere auch gern eine Absicht, z. B.: »Möge das Wasser mit den Energien der Karte aufgeladen werden – für die Heilung meines Stirnchakras und zu meinem besten Wohl.«

Du kannst die Energiebilder unter dein Kopfkissen legen und darauf schlafen, sie am Badezimmerspiegel aufhängen oder auf dem Esstisch platzieren. Wähle einen Ort, wo du im Laufe des Tages immer wieder hinschaust. Lasse deinen Blick für einen Moment darauf ruhen, und verbinde dich bewusst mir ihren Energien.

Du kannst auch die Karte, auf der die Positionen und das gesamte Farbspektrum der Chakras gezeigt werden, als Energiebild verwenden.

Kurzinfos

Diese Karten geben dir einen Überblick über das jeweilige Chakra. Du findest dort seinen Sitz, seine weiteren Bezeichnungen und Zuordnungen.

Wenn du alle sieben Karten »Kurzinfos« nebeneinanderlegst, erhältst du auf einen Blick die wichtigsten Informationen zu den Chakras. Das kann auch bei der Auswahl eines Chakras hilfreich sein.

Arbeit mit den **Farben:** Umgib dich mit den Farben des Chakras, mit dem du arbeiten möchtest: Kleidung, Kissenbezüge, Decken, Kerzen, Blumen … Male ein Bild in seiner Farbe bzw. seinen Farbabstufungen. Auf S. 57 findest du eine Farbmeditation, mit der du alle Chakras reinigen und harmonisieren kannst.

Arbeit mit den **Elementen:** Du kannst dich bewusst mit den Elementen verbinden, indem du in die Natur gehst und dort Kontakt zu Wasser und Erde aufnimmst. Nimm das Element Luft durch den

Wind wahr, und spüre seine reinigende Kraft. Zünde eine Kerze an, und aktiviere dadurch das Element Feuer. Die Elemente der höheren Chakras sind am besten durch Meditation erfahrbar. Wenn du den blauen, weiten Himmel betrachtest, wird dir das Element Äther zugänglich. Es ist der Raum, der dich umgibt und aus dem alles geformt wird. Gleichzeitig ist es als Raum in deinem Inneren zu finden, in den du hineinlauschen kannst. Erkenne das Element des Geistes, das reine Energie ist und die Materie formt, in allem Sichtbaren wie Unsichtbaren. Mit der reinen Essenz kannst du dich am besten in der Stille verbinden.

Arbeit mit den **Erzengeln:** Meditation, Gebet und Anrufung bieten wunderbare Wege, dich mit der Energie der Erzengel zu verbinden, um sie darum zu bitten, dass deine Chakras gereinigt und harmonisiert werden.

Bei den **körperlichen und psychischen Zuordnungen** siehst du, welche Körperbereiche dem jeweiligen Chakra zugeordnet sind und welche Lebensthemen und Entwicklungsmöglichkeiten damit verbunden sind. Du kannst dich fragen, ob du körperliche Schwachstellen hast oder bestimmte Thematiken immer wieder in deinem Leben auftauchen. Eine ausführlichere Beschreibung mit Symptomen und Fragestellungen findest du in den Kapiteln zu den einzelnen Chakras.

Tipps für den Alltag

Der Alltag bietet viele Möglichkeiten, die Energie der Chakras zu reinigen, auszugleichen und zu stärken. Die Tipps, die ich für dich zusammengestellt habe, sind leicht anwendbar und ganz einfach in deinen Tagesablauf zu integrieren. Sie laden dich ein, dir selbst liebevolle Zeit und Aufmerksamkeit zu schenken. Sie bewirken damit eine positive Veränderung deines Denkens, Fühlens und Verhaltens, was sich wiederum positiv auf die Energie deiner Chakras auswirkt.

Es kann sein, dass du bereits manche Tipps in deinem Leben beherzigst, einige sind dir aber sicherlich neu und können dir frischen Ansporn geben. Lies dir vorab alle Tipps durch. Welche davon setzt du bereits ganz selbstverständlich um? Welche hast du bis heute kaum oder gar nicht beachtet? Gibt es welche, die du zu einer regelmäßigen Praxis werden lassen möchtest? Achte darauf, die Tipps mit einer bewussten Ausrichtung auf das jeweilige Chakra umzusetzen. Denn es ist immer die Absicht entscheidend, mit der du etwas tust. Du kannst z. B. ein Glas Wasser einfach so trinken oder beim Trinken innerlich deine Absicht formulieren, dein Sakralchakra damit zu reinigen und die Energien in den Fluss zu bringen.

Wenn du bereits weißt, mit welchem Chakra du arbeiten möchtest, nimm die entsprechende Karte »Tipps für den Alltag« aus dem Stapel, und wähle jenen Impuls aus, der dich am meisten anspricht oder der für dich am einfachsten umzusetzen ist.

Du darfst aber auch intuitiv an die Sache herangehen. Nimm dazu alle sieben Karten »Tipps für den Alltag« aus dem Stapel, mische sie, und ziehe eine Karte mit geschlossenen Augen. Halte deine Erfahrungen in deinem Notizbuch fest.

Yoga, Mudras und Mantras

Yoga, Mudras und Mantras haben eine direkte Wirkung auf den Energiefluss in unserem feinstofflichen und physischen Körper und spielen somit für die Stärkung der Chakras eine bedeutende Rolle.

YOGA

Das heutige Wissen über die Chakras kommt vor allem aus der Yogatradition. Bestimmte Yogahaltungen (Asanas) sprechen gezielt die Energie der Chakras an und bringen sie wieder in ihr ursprüngliches Gleichgewicht. Mit Yoga unterstützt du zudem deinen Körper: Du wirst beweglicher und kräftiger, baust Spannungen im Körper ab, das Immunsystem wird gestärkt, und die Organe werden besser durchblutet. Auch der Geist wird trainiert: Du lernst, dich zu konzentrieren, deinen Fokus zu halten und dich zu entspannen.

Durch Yoga wird die Kundalini-Energie (schöpferische Urkraft, die oft als zusammengerollte, schlafende Schlange dargestellt wird) erweckt und in Bewegung gebracht. Sie hat ihren Sitz im Wurzelchakra. Von dort steigt sie über die Wirbelsäule nach oben, durchdringt und aktiviert Chakra für Chakra, bis sie schließlich das Kronenchakra erreicht und wir höchstes Bewusstsein erlangen.

Worauf du bei der Yogapraxis achten solltest: Führe die Übungen idealerweise auf einer Yogamatte aus. Trage bequeme Kleidung, und praktiziere am besten barfuß, damit du einen besseren Halt hast. Wärme dich auf, bevor du dich in eine Yogahaltung begibst. Lege dich dazu mit dem Rücken auf den Boden, winkle die Knie an, halte sie mit den Händen, und bewege die Knie langsam in alle Richtungen. Dadurch wird der Rücken gelockert. Du kannst dich in den Vierfüßlerstand begeben und einige Male die Asanas »Katze« und »Kuh« ausführen. Kreise leicht den Nacken, und bewege den Kopf von links nach rechts.

Lies die Beschreibung der Asanas Schritt für Schritt, und schaue dir die Darstellungen genau an. Lasse dir Zeit bei der Ausführung. Achte immer darauf, für was dein Körper bereit ist und wie weit du mit ihm gehen kannst. Die Yogahaltungen dürfen auf keinen Fall Schmerzen auslösen. Richte dein Bewusstsein auf das jeweilige Chakra, für das du Yoga praktizierst.

Es steht dir frei, täglich alle sieben Asanas auszuführen, um einen wohltuenden Effekt für alle Chakras zu erzielen, oder eine einzelne Asana auszuwählen, um gezielt mit dem entsprechenden Chakra zu arbeiten. Die Yogaübungen lassen sich sehr gut mit den Mudras und Mantras kombinieren.

MUDRA – FINGERYOGA

Der Begriff »Mudra« kommt aus dem Sanskrit und kann mit »das, was Freude gibt« oder »Geste, um den Göttern zu gefallen« übersetzt werden. Diese Übungen werden auch als »Fingeryoga« bezeichnet. Es sind symbolische Gesten, die mit den Händen und Fingern geformt werden. In den sensiblen Fingerkuppen beginnen und enden nicht nur viele Nerven, sondern auch Energiebahnen (Nadis), die in Verbindung mit Körperbereichen und Organen stehen. Durch die Berührung und den Druck wird der Energiefluss angeregt und in Balance gebracht.

Du kannst die Mudras im Sitzen, Stehen oder Liegen halten und sie, wie auf den Karten beschrieben, mit dem Singen von Mantras kombinieren. Praktiziere täglich einmal oder auch öfters für einige Minuten bis zu einer halben Stunde. Halte die Mudras vor oder nach den Yogaübungen, aber auch immer wieder einfach zwischendurch im Alltag, z. B., wenn du in einer Warteschlange stehst, beim Lesen oder im Bus. Richte zu Beginn dein Bewusstsein immer auf das Chakra, das du anregen möchtest.

MANTRA

Auch »Mantra« ist ein Wort aus dem Sanskrit und bedeutet »Spruch«, »Lied« oder »Schutz des Geistes«. Mantras sind ein Instrument, um Schutz und Kraft zu erlangen. Für das Aktivieren der Chakras werden Bija-Mantras gesungen. Das sind sogenannte Samen- oder Wurzelmantras, die aus einer Silbe bestehen und sehr machtvoll sind.

Das wiederholte Singen oder Sprechen der Mantras versetzt den gesamten Körper in heilsame Vibrationen, die tiefgehend und weitreichend sind. Die Schwingungen breiten sich im Körper und im gesamten Energiesystem wie Wellen in einem See aus, die entstehen, wenn ein Stein das Wasser berührt.

Das wohl bekannteste Bija-Mantra ist das OM, das den Urklang des Universums und damit die Essenz allen Seins beschreibt. Du kannst das OM zu Beginn und am Ende der Yogaübungen ertönen lassen. Es bewirkt innere Einkehr und Zentriertheit.

Wähle das Chakra und die zugehörige Karte »Yoga, Mudra und Mantra« aus, und singe oder sprich das Mantra. Besonders wirksam ist die Kombination von Mantra und Mudra. Je nach Zeit und Belieben kannst du das Mantra einmal am Tag oder auch öfters für einige Minuten bis zu einer halben Stunde oder auch länger wiederholen. Mantras lassen sich zudem ganz leicht in die Meditationspraxis integrieren.

Naturheilkunde

Pflanzen und Heilsteine bieten wunderbare, altbewährte Möglichkeiten, die Energie der Chakras auf natürliche Weise positiv zu beeinflussen. Alle Pflanzen und Steine haben eine eigene Schwingung, Symbolik und Eigenschaft. Indem wir sie berühren, betrachten, uns mit ihnen verbinden, werden ihre Schwingungen und Informationen auf uns übertragen. Durch die innere und äußere Anwendung von Heilpflanzen nehmen wir deren wirkungsvolle Inhaltsstoffe in uns auf.

HEILSTEINE

Heilsteine verbinden uns mit der stärkenden und schützenden Kraft des Elementes Erde und den kosmischen Energien, die sie durch ihre lichtvollen Farben ausstrahlen. Jedem Chakra werden verschiedene Heilsteine zugeordnet. So wirken gelbe Steine auf das Solarplexuschakra, hellblaue Steine auf das Halschakra usw.

Du kannst dir ganz gezielt einen auf der jeweiligen Karte genannten Heilstein aussuchen, mit dem du arbeiten möchtest. Oder du wählst ihn intuitiv aus.

Am besten gelingt dies, wenn du mehrere Heilsteine vor dir liegen hast. Vielleicht springt dir ein Stein ins Auge, du fühlst dich zu einem hingezogen, oder du nimmst eine Reaktion in dir wahr, wenn du ihn in die Hand nimmst.

Du kannst Heilsteine direkt am Körper tragen, z. B. in der Hosentasche oder als Kettenanhänger. Du kannst einen Stein auch unter dein Kopfkissen legen und darauf schlafen oder ihn im Laufe des Tages immer wieder in die Hand nehmen. Wenn du die Chakrameditationen im Liegen durchführst, kannst du einen Heilstein auf das jeweilige Chakra legen. Die Heilsteine für das Wurzelchakra legst du zwischen die Beine und die Heilsteine für das Kronenchakra ans Ende des Kopfes.

Mit Heilsteinen lässt sich Energiewasser herstellen. Dazu gibst du einen oder mehrere Steine in einen Wasserkrug. Das Wasser wird mit den Schwingungen der Steine aufgeladen. Trinke das Wasser über den Tag verteilt. Achtung: Nicht jeder Stein ist dafür geeignet, informiere dich vorher!

Heilsteine können mit einer Affirmation programmiert werden. Nimm den Heilstein dazu in die Hände. Richte dein Bewusstsein danach aus, welche Informationen du in diesen Stein hineingeben willst. Verwende eine Affirmation aus dem Kartenset, oder formuliere eine eigene. Formuliere den gewählten Satz mit der Absicht, ihn in dem Stein zu speichern, laut oder im Stillen.

Reinige die Steine vor der ersten Anwendung und auch von Zeit zu Zeit immer wieder, indem du sie unter fließendem Wasser wäschst. Oder lege die Steine in ein Glas mit Wasser, und stelle dieses für ca. zwölf Stunden auf einen Teller oder in eine Schale mit Natursalz.

ÄTHERISCHE ÖLE

Ätherische Öle werden meistens durch Dampfdestillation aus Blättern, Samen, Zweigen, Knospen, Harzen, Blüten, Wurzeln, Beeren oder Rinden einer Pflanze gewonnen. Die Duftmoleküle eines ätherischen Öls gelangen blitzschnell in das Gehirn zum limbischen System, das einen starken Einfluss auf unsere Gefühle und Hormone hat.

Sie gelangen auch in unsere Zellen, wo negative, traumatische Erfahrungen gespeichert sind. Durch den Duft werden diese Erinnerungen aktiviert und die damit verbundenen schädlichen Programmierungen, Schocks und verdrängten Emotionen aus der Zellebene hervorgeholt und aufgelöst. Blockaden auf körperlicher, psychischer, emotionaler und energetischer Ebene werden so beseitigt, und die Energien können wieder frei fließen.

Auf den Karten sind Öle angeführt, die besonders gut auf die Energie des jeweiligen Chakras wirken. Am besten lässt du deine Nase entscheiden und wählst das Öl, das dir am meisten zusagt. Du kannst auch dein Lieblingsöl zur Harmonisierung aller Chakras anwenden, da es dir einfach guttut, z.B. bei einer Massage oder in einer Duftlampe. Die ätherischen Öle haben eine besonders intensive Wirkung auf das Wurzelchakra, da dieses mit dem Geruchssinn verbunden ist.

Ein besonderes Öl ist das Teebaumöl, da es einen sehr hohen Gehalt an Phenolen, Sesquiterpenen und Monoterpenen (PMS) hat. Seine Bestandteile haben die Eigenschaft, negative Zellinformationen zu transformieren. Eukalyptus-, Majoran-, Ysob- und Lavendelöl haben ebenfalls einen hohen Anteil an PMS.

Gib einige Tropfen des ätherischen Öls in das Wasser eines Duftdiffusors oder in eine Duftlampe. Diese verbreiten den Duft im Raum, und du nimmst die Moleküle über deine Atemwege auf.

Du kannst auch 1–2 Tropfen eines ätherischen Öls in den Handinnenflächen verreiben und von dort aus den Duft einige Male tief einatmen. Oder du gibst ein paar Tropfen auf ein Taschentuch, an dem du immer wieder riechst.

Mit ätherischen Ölen lassen sich wunderbare Massageöle herstellen. Hierfür eignen sich Mandel-, Jojoba- und auch Olivenöl als Trägeröl. Je nach Intensität des ätherischen Öls kannst du 1–5 Tropfen auf 10 ml Trägeröl geben.

Für eine Chakramassage trage das Öl dort auf, wo das Chakra seinen Sitz hat. Massiere diesen Körperbereich mit leichten, kreisenden Bewegungen und der Absicht, das Chakra zu reinigen und zu harmonisieren. Du kannst das Massageöl auch auf den Fußsohlen auftragen, da es dort besonders schnell aufgenommen und weitergeleitet wird. Gute Stellen sind zudem die Handgelenke, der Nacken und der Bereich hinter den Ohren. Wenn du körperliche Beschwerden hast, kannst du das Massageöl direkt auf den betroffenen Bereich geben.

Die ätherischen Öle finden auch innerlich Anwendung. Würze und aromatisiere damit deine Speisen. Oder gib 1 Tropfen ätherisches Öl in ein Glas Wasser, und trinke es. Die direkte Verabreichung unter die Zunge ist ebenfalls möglich. Achtung: Nicht jedes Öl ist für die Einnahme geeignet, deshalb informiere dich vorher.

Bevor du ein ätherisches Öl großzügig auf der Haut verwendest, teste auf einer kleinen Hautpartie, ob es Hautreizungen verursacht. Achte darauf, dass das Öl nicht in die Augen gelangt. Kinder, Schwangere, Stillende und Menschen, die sich in ärztlicher Behandlung befinden, sollten zuerst Rücksprache mit einem Arzt halten. Ich empfehle, qualitativ hochwertige, reine ätherische Öle in Bioqualität zu verwenden.

HEILPFLANZEN

Heilpflanzen finden in der Volksmedizin bereits seit Tausenden von Jahren Anwendung. Aus ihnen werden Tees, Tinkturen, Salben, Öle und Gewürze gewonnen, die Heilungsprozesse von Körper, Geist und Seele unterstützen.

Die Apotheke der Natur bietet uns einen wahren Schatz an Heilpflanzen. Diese sind aber nicht nur durch ihre Inhaltsstoffe wirksam, sondern auch durch ihre Schwingungsfrequenzen, wie uns die Bachblütentherapie und die Homöopathie aufzeigen.

Über deine Sinne kannst du dich mit den Energien einer Pflanze verbinden, wodurch diese ihre reinigende, harmonisierende und stärkende Wirkung in dir entfalten. Du kannst dir und deinen Chakras auch bestimmte Eigenschaften einer Pflanze zunutze machen. Ist dir vielleicht schon einmal ein aus einer Mauerritze wachsender Löwenzahn ins Auge gesprungen? Durch das Betrachten verbindest du dich mit seiner Kraft und Widerstandsfähigkeit und stärkst dein Solarplexuschakra.

Wenn du die Pflanzen für deine Tinkturen oder Tees selbst sammeln möchtest, versichere dich, dass du auch die richtigen pflückst. Sammle nur an trockenen, sonnigen Tagen und an Orten, wo kein Dünger oder Pflanzenschutzmittel verwendet wird. Wenn Pflanzen unter Naturschutz stehen, erwerbe diese bitte nur in der Apotheke.

Tinkturen: Gib klein geschnittene Blätter, Blüten, Stängel und Schleimwurzeln mit 38%igem Alkohol und Wurzeln mit 96%igem Alkohol in ein Schraubglas. Das Verhältnis sollte ungefähr ein Drittel Kräuter und zwei Drittel Alkohol sein. Stelle das Glas an einen Ort ohne direkte Sonneneinstrahlung, und lasse die Kräuter mindestens vier Wochen ziehen. Schüttle das Glas einmal täglich. Seihe danach die Flüssigkeit ab, fülle sie in eine verschließbare, dunkle Flasche, und beschrifte diese. Gib dreimal täglich 7–10 Tropfen der Tinktur in etwas Wasser, und trinke es. In akuten Fällen kannst du jede halbe Stunde 7 Tropfen in Wasser verdünnt zu dir nehmen.

Tees: Lasse die Kräuter an einem schattigen Ort trocknen. Fülle sie anschließend in Papiersäckchen, und beschrifte diese. Beachte bei der Anwendung, welche Menge an Kräutern es braucht, wie lang der Tee ziehen soll und ob er kalt oder heiß angesetzt werden muss. Dieselbe Sorte Tee sollte nicht zu lang getrunken werden. Mache nach drei Wochen eine Woche Pause, dann kannst du wieder damit beginnen.

Was du beachten solltest: Spüre immer in dich hinein, und beobachte die Wirkung der Pflanzen. Wenn du den Eindruck hast, dass dir etwas nicht guttut, oder du Widerstand empfindest, dann lasse es sein. Auch Heilpflanzen können Nebenwirkungen erzeugen. Informiere dich, wie lang du einen bestimmten Tee oder eine Tinktur zu dir nehmen solltest. Kinder, Schwangere, Stillende und Menschen, die sich in ärztlicher Behandlung befinden, sollten Rücksprache mit einem Arzt halten. Ich empfehle, nur qualitativ hochwertige Kräuter in Bioqualität zu verwenden.

Fragen zur Selbsterforschung

Die Energie der Chakras ist eng mit unserem Bewusstsein verbunden, das durch Erfahrungen, Wissen, Konditionierungen, Gewohnheiten, Gefühle und vieles mehr geprägt und damit auch begrenzt ist. Die subjektive Wirklichkeit eines jeden Menschen wird durch dessen Bewusstsein konstruiert. Wenn wir dieses verändern und erweitern, bedeutet dies, uns selbst aus einer umfassenderen Perspektive zu betrachten. Daraus gewinnen wir Selbsterkenntnis und sind in der Lage, für unser Leben Verantwortung zu übernehmen und es bewusst zu gestalten.

Fragen sind besonders hilfreich, um die eigene Wahrnehmung und damit auch das Bewusstsein zu erweitern und sich selbst besser kennenzulernen. Sobald du dir Fragen stellst, wird dir das Leben Antworten schenken. Die Antworten sind vielleicht nicht immer sofort da, aber allein schon die Fragestellung wirkt im Bewusstsein.

Die Fragen zur Selbsterforschung unterstützen dich, herauszufinden, was in deinem Leben gut läuft und woran du noch arbeiten darfst. Vielleicht werden dir auch einige Aha-Momente zuteil, die dir helfen, Veränderungen in die Wege zu leiten.

Eine weitere Möglichkeit, dein Bewusstsein zu erweitern, ist, Situationen und Menschen als Spiegel wahrzunehmen. Stelle dir vor, dass dein Außen dir nur das spiegelt, was in deinem Inneren vorhanden ist. So frage dich besonders bei negativen Gefühlen, was dir eine bestimmte Situation oder ein Mensch spiegeln möchte. Woran sollst du erinnert werden? Was darfst du noch lernen? Was solltest du verändern? Welche Wunden dürfen heilen? Ein Beispiel: Wenn du im Außen keine Wertschätzung bekommst und alles, was du machst, als selbstverständlich betrachtet wird, dann frage dich, welche Wertschätzung du dir selbst gibst und wie du deinen Selbstwert stärken kannst. Wertschätzung ist das Thema des Solarplexuschakras.

Verwende keine Warum-Fragen, z.B.: »Warum passiert mir das immer?«, oder: »Warum schaffe ich es nie?«, denn diese bringen dich nicht weiter, sondern halten nur das Problem aufrecht und schwächen dich. Formuliere stattdessen lösungsorientierte Sätze, z.B.: »Wozu könnte das jetzt gut sein?«, »Was darf ich aus dieser Situation lernen?«, »Wie schaffe ich es, dass ...?«, oder: »Was möchte mir das jetzt aufzeigen?«

Auf den Karten findest du zu jedem Chakra neun Fragen, die dir zur Selbsterkenntnis verhelfen. Beantworte sie hintereinander, oder wähle jene aus, die dich am meisten ansprechen. Wenn du mit manchen nichts anfangen kannst, überspringe sie. Erlaube dir nach einiger Zeit, diese Fragen wieder zu lesen. Es kann sein, dass dein Bewusstsein etwas Zeit gebraucht hat, um sich ihnen zu öffnen.

Am besten ist es, wenn du die Fragen schriftlich in deinem Notizbuch beantwortest. So kannst du später deine Fortschritte besser erkennen. Aber natürlich ist es auch möglich, die Fragen nur gedanklich zu beantworten. Besonders hilfreich ist es, eine Frage herauszupicken und dich für einige Zeit mit ihr zu beschäftigen. Du kannst sie dir auf die Handinnenfläche schreiben, damit du dich im Laufe eines Tages immer wieder daran erinnerst. Oder du stellst die Karte mit den Fragen zur Selbsterforschung dort in deinem Zuhause auf, wo dein Blick immer wieder hinfällt.

Du kannst eine Frage auch mit anderen Impulsen kombinieren, z.B., indem du sie dir vor oder nach einer Meditation stellst. Oder halte eine Frage in deinem Bewusstsein, und betrachte gleichzeitig das Energiebild. Auch die Kombination von Mudra und Fragestellung ist möglich. Die Bewusstseinsforschung lässt sich gut mit einigen Alltagstipps oder mit Anwendungen aus der Naturheilkunde verbinden: Stelle dir Fragen bei einem Spaziergang, bei einem Sonnenbad, unter der Dusche, bei einer Tasse Tee oder in Verbindung mit deinem Wohlfühlduft.

Meditation

Eine regelmäßige Meditationspraxis stärkt deine Achtsamkeit, beruhigt deine Gedanken, wirkt ausgleichend auf deine Gefühle und schenkt dir Entspannung und Wohlbefinden. Du lenkst deine Aufmerksamkeit auf deine innere Wahrnehmung und vertiefst diese. Die Meditationen sprechen gezielt die Energie der Chakras an, die damit in den Fluss gebracht und harmonisiert werden.

Wenn du meditieren möchtest, achte auf ausreichend Zeit und vor allem Ruhe, damit du nicht durch Telefon oder Besuch gestört wirst. Meditiere an einem Ort, wo du dich sicher und wohlfühlst. Vielleicht möchtest du dir mit einem passenden ätherischen Öl, das du in eine Duftlampe gibst, eine angenehme Atmosphäre schaffen.

Du kannst im Sitzen auf einem Stuhl, im Schneidersitz oder im Fersensitz auf dem Boden meditieren. Die Wirbelsäule sollte aufgerichtet sein. Auch Liegen ist möglich, achte aber darauf, dass du nicht einschläfst. Bei den Meditationen zum Wurzel- und Kronenchakra empfehle ich dir eine sitzende, aufrechte Position, in der die Fußsohlen den Boden berühren. Achte darauf, weder Arme noch Beine zu überkreuzen. Finde eine bequeme, entspannte Haltung, die du jederzeit verändern darfst. Richte deinen Fokus auf das jeweilige Chakra, zu dem du meditierst.

Lies dir vorab den Text der Chakrameditation gut durch, und lasse die Karte bei dir liegen. Schließe beim Meditieren die Augen, so kannst du besser visualisieren. Öffne sie zwischendurch, um den nächsten Abschnitt zu lesen und so der Meditation zu folgen. Vielleicht möchtest du die Meditationen auch laut sprechen und mit einem Gerät aufnehmen. So hast du sie immer griffbereit und kannst sie dir jederzeit anhören.

Um dich auf die Meditation einzustimmen, mache vorher eine kurze Atemübung, indem du langsamer als sonst atmest: fünf Sekunden ein, fünf Sekunden aus. Mache dies einige Atemzüge lang. Diese Atmung erleichtert es dir, zu entspannen, und erzeugt im Gehirn Alphawellen, was den Zugang zum Unterbewusstsein ermöglicht. Auch die Yogahaltungen helfen dir, dich vor einer Meditation auf deine innere Arbeit auszurichten.

Beim Meditieren kannst du eine Handfläche auf das jeweilige Chakra legen. Beim Halschakra umfasse mit beiden Händen den Hals, die Fingerspitzen zeigen Richtung Nacken.

Du kannst auch einen passenden Heilstein während der Meditation auf ein Chakra legen. Das geht natürlich nur in der Liegeposition. Wenn du möchtest, kombiniere die Meditation auch mit dem passenden Mudra.

Öffne nach der Meditation wieder die Augen. Recke und strecke dich etwas. Wenn du möchtest, klopfe den Körper mit der flachen Hand ab, um ganz zurück ins Hier und Jetzt zu kommen. Trinke etwas Wasser, und nimm deinen Alltag gemächlich wieder auf.

Regelmäßigkeit ist beim Meditieren sehr hilfreich, so wird es zur Gewohnheit wie das tägliche Zähneputzen. Führe deshalb die Chakrameditation für einige Zeit täglich und, wenn möglich, zur selben Tageszeit und am selben Ort durch.

Meditationen für alle Chakras

Die folgenden Meditationen dienen der regelmäßigen Reinigung und Aktivierung aller Chakras. Gern kannst du sie täglich praktizieren.

Farbmeditation

Gehe mit deiner Aufmerksamkeit zum Wurzelchakra, und lasse es in einem tiefen, kräftigen Rot aufleuchten. Das Rot lässt deinen gesamten Körper erstrahlen. Begib dich weiter zum Sakralchakra, und lasse es in einem intensiven, strahlenden Orange aufleuchten. Diese Farbe erfüllt nun deinen Körper. Gehe jetzt zum Solarplexuschakra. Es darf in gelbem Licht erstrahlen wie auch dein ganzer Körper. Nun schenke dem Herzchakra Aufmerksamkeit, und lasse es und deinen Körper in Grün leuchten. Richte deinen Fokus auf das Halschakra, das in einem intensiven Hellblau erstrahlt und deinen Körper mit hellblauem Licht erfüllt. Gehe weiter zum Stirnchakra, das in Dunkelblau getaucht ist. Diese Farbe verströmt sich in deinem Körper. Du gelangst nun zum Kronenchakra, das in Violett leuchtet. Lasse diese göttliche Farbe in deinen gesamten Körper hineinstrahlen.

Zur Visualisierung kannst du unterstützend auch die Karte benutzen, die das gesamte Farbspektrum der Chakras zeigt.

Meditation »Heilsame Farbenergie«

Fokussiere dich auf ein Chakra deiner Wahl. Bitte darum, die Farbe dieses Chakras wahrzunehmen. Vielleicht kannst du sie sehen, oder du weißt einfach, um welche es sich handelt. Es ist auch möglich, dass es nicht die Farbe ist, die dem Chakra zugeordnet ist, sich dir z. B. dein Herzchakra in Gelb zeigt. Nun bitte um eine passende Farbe für dieses Chakra. Vertraue deiner Wahrnehmung. Es kann sich um jede beliebige Farbe handeln. Wenn sich dir diese Farbe zeigt, färbe das Chakra damit ein. Stelle dir vor, wie du es bemalst, es in diese Farbe eintaucht oder ein Farbeimer darüber geleert wird. Spüre nach, wie sich diese neue Farbe anfühlt.

Atemmeditation

Atme tief ein, und lenke den Atem in deiner Vorstellung zum Wurzelchakra. Dann atme kräftig aus. Mache dies insgesamt dreimal. Stelle dir dabei vor, wie der Atem alles Belastende aus diesem Chakra herauslöst. Dann gehe mit deiner Aufmerksamkeit zum Sakralchakra. Atme auch hier intensiv ein und aus. Mache dasselbe beim Solarplexuschakra, Herzchakra, Halschakra, Stirnchakra und Kronenchakra. Du kannst auch eine Hand auf das jeweilige Chakra legen, damit du es intensiver spürst. Bitte nun darum, dass über dein Kronenchakra hoch schwingendes, klares, helles Licht vom Universum in deinen Körper hineinströmt. Es fließt vom Kronenchakra zum Stirnchakra, weiter zum Halschakra, Herzchakra, Solarplexuschakra, Sakralchakra und schließlich zum Wurzelchakra. Nimm es in dich auf, lasse es wirken. Verweile so lang in dem Licht, wie du möchtest.

Mantrameditation

Um die Chakras zu aktivieren, kannst du nacheinander alle Mantras singen. Dazu setzt du dich am besten im Schneider- oder Fersensitz auf den Boden und schließt die Augen. Falls dir diese Positionen Probleme bereiten, kannst du auch eine andere Sitzhaltung einnehmen. Beginne beim Wurzelchakra, indem du deine Aufmerksamkeit darauf richtest, und singe siebenmal das Mantra »LAM«. Lenke den Fokus dann auf das Sakralchakra, und singe siebenmal das Mantra »VAM«. Gehe so Chakra für Chakra von unten nach oben durch, und singe jeweils das entsprechende Mantra.

Wurzelchakra: **LAM** (»Lang« gesprochen)
Sakralchakra: **VAM** (»Vang« gesprochen)
Solarplexuschakra: **RAM** (»Rang« gesprochen)
Herzchakra: **YAM** (»Yang« gesprochen)
Halschakra: **HAM** (»Hang« gesprochen)
Stirnchakra: **OM**
Kronenchakra: **Stille,** wenn du das Bedürfnis nach einem Mantra hast: **OM, HRIM**

Meditation »Erd- und Himmelsenergie vereinen«

Gehe mit deiner Aufmerksamkeit zu den Fußsohlen, und verbinde dich über deine Absicht mit der Energie der Erde. Stelle dir vor, wie lange, dicke Wurzeln aus den Füßen tief in die Erde hineinwachsen und dein ganzer Körper in die Erde hineinsinkt. Nimm die Qualität der Erdenergie wahr. Lasse nun mit dem Einatmen die Erdenergie von den Wurzeln aus über die Füße und Beine nach oben in den Körper fließen. Sie strömt zum Wurzelchakra und breitet sich im Becken aus. Mit dem nächsten Einatmen strömt die Erdenergie in das Solarplexuschakra und erfüllt den Bauchraum. Mache noch einen tiefen Atemzug, und lasse die Erdenergie zum Herzchakra strömen, von wo aus sie sich im Brustraum ausbreitet. Die Erdenergie reinigt und harmonisiert deine unteren Chakras.

Nun gehe mit deiner Aufmerksamkeit zum Kronenchakra. Dieses ist geöffnet und kann die lichtvolle, universelle Energie in sich aufnehmen. Nimm die himmlische Energie wahr. Sie fließt über das Kronenchakra zum Stirnchakra. Sie verteilt sich im

Kopf, strömt weiter zum Halschakra, verteilt sich im Nacken- und Schulterbereich und gelangt bis zum Herzchakra. Die himmlische Energie reinigt und harmonisiert jetzt deine höheren Chakras.

Im Herzchakra befinden sich nun die himmlische und die irdische Energie, die sich vereinigen. Diese sehr heilsame Energie reinigt und harmonisiert zunächst das Herzchakra. Erlaube, dass die Energie aus dem Herzen in den gesamten Körper, in jedes Organ und in jede Zelle, und auch in die Aura hineinfließt. Lasse die Energie sich noch weiter ausdehnen, so weit du kannst, auch über die ganze Erde. Es gibt keine Begrenzung. Nimm jetzt den großen, weiten Raum um dich herum wahr, die Unendlichkeit. Spüre die reine Stille. Bleibe in dieser Stille, solange du möchtest.

Das Wurzelchakra

Das Wurzelchakra ist unsere Verbindung zur Erde und steht für unser irdisches Dasein. Es ist das Tor zum Urvertrauen. Mit seinem Element Erde beeinflusst es, wie wir uns in der materiellen Welt zurechtfinden und hier auf Erden Sicherheit und Geborgenheit erleben dürfen.

Das Wurzelchakra ist mit den Wurzeln eines Baumes vergleichbar. Je kräftiger diese sind und je tiefer sie reichen, desto widerstandsfähiger ist der Baum, desto besser kann er selbst widrigsten Einflüssen standhalten und desto höher kann er wachsen, sich ausdehnen. Das Wurzelchakra versorgt uns mit der nährenden Lebensenergie von Mutter Erde, und wir können überschüssige und negative Energien darüber entlassen.

Erst ein gut ausgebildetes Wurzelchakra ermöglicht wirkliches spirituelles Wachstum. Denn je verwurzelter wir sind, desto höher können wir auf geistiger Ebene fliegen. Eine gute Anbindung an die Erde ist also die Voraussetzung für unsere geistige, seelische und emotionale Weiterentwicklung. Dazu trägt auch die Kundalini-Energie (schöpferische Urkraft) bei, die ihren Sitz im Wurzelchakra hat. Wird diese erweckt, belebt und aktiviert sie sämtliche oberen Chakras.

Besonders die ersten Lebensmonate sind für die Ausbildung des Wurzelchakras bedeutend: War man als Kind willkommen? Wie sicher und stabil war das familiäre und soziale Umfeld? Gab es ausreichend Nahrung und Nähe? Aber auch im Erwachsenenalter können wir unsere Wurzeln kräftigen und ausbauen. So sind Herkunft, familiäre Situation, Heimat, Zugehörigkeit, Selbsterhaltung und Überlebenswille wichtige Themen des Wurzelchakras.

Ein harmonisches Wurzelchakra ermöglicht uns, auf eigenen Füßen zu stehen und uns im Leben mutig weiterzubewegen. Wir bauen uns eine Existenz auf, die uns Sicherheit gibt, und können dadurch unabhängig unseren Weg gehen. Es gelingt uns leichter, dem Rhythmus der Natur zu folgen und bewusst die verschiedenen Lebensphasen von der Geburt bis zum Tod zu leben.

Wenn dein Wurzelchakra in Harmonie ist, bist du gut geerdet und stehst sicher mit beiden Beinen im Leben. Du vertraust deiner inneren Stärke und darauf, dass das Leben für dich sorgt und alles da ist, was du brauchst. Du begreifst dich als irdisches Wesen und lebst im Hier und Jetzt. Du hast ein gutes Verhältnis zu deinem physischen Körper und schenkst ihm das, was er benötigt. Dank eines hohen Maßes an Lebensenergie und Durchhaltevermögen verfolgst du deine Lebensziele mit Leichtigkeit.

Mit dem Wurzelchakra solltest du dich befassen, wenn dich diese Themen beschäftigen:

Körperliche Themen: Beschwerden mit den Füßen, Zehen, Beinen, Knien, Hüften, der Wirbelsäule, dem unteren Rücken, dem Kreuzbein, den Knochen oder den männlichen Geschlechtsorganen • Osteoporose • Ischias • Hexenschuss • Zahnprobleme • Nagelerkrankungen • hoher oder niedriger Blutdruck • Arthritis • Krampfadern • Hämorrhoiden • Impotenz •

Darmerkrankungen • Verstopfung • Durchfall • Gewichtsprobleme • Energiemangel • Schwäche • Erschöpfung • kalte Füße und Hände • mangelnde Widerstandskraft • Kreislaufprobleme • Schwindel • Ohnmacht

Psychische Themen: Angstzustände • Existenzkrisen • mangelndes Vertrauen • Schlafstörungen • Depressionen • die eigenen Bedürfnisse nicht wahrnehmen bzw. befriedigen • das Gefühl, den Boden unter den Füßen zu verlieren oder nirgends dazuzugehören • nicht loslassen können • sich im Leben nicht weiterbewegen • vor etwas davonlaufen • An-

triebslosigkeit • spirituelle Abgehobenheit • übermäßige Fixierung auf materielle oder körperliche Bedürfnisse (Essen, Sex, Alkohol, Geld, Besitz)

Wenn du einige dieser Fragen mit Ja beantwortest, darfst du dich deinem Wurzelchakra widmen:

- Hast du den Eindruck, nirgends richtig hinzugehören oder zu niemanden dazuzugehören?
- Fühlst du dich öfter allein oder im Stich gelassen?
- Gab es in deinem Leben Existenzkrisen?
- Machen dir Ängste und Unsicherheiten zu schaffen?
- Möchtest du mehr Lebensenergie und Ausdauer haben?
- Hast du den Eindruck, im Leben nicht weiterzukommen?
- Lebst du im Mangel, was Geld, Besitz, Nähe oder Liebe betrifft?
- Fehlt es dir an Vertrauen?
- Fühlst du dich in deinem Körper unwohl?
- Vernachlässigst du deine Grundbedürfnisse wie Essen, Trinken, Schlafen und Sicherheit?

Das Sakralchakra

Das Sakralchakra verbindet uns mit unserer Gefühlswelt und lässt uns unser Leben mit allen Sinnen erfahren und intensiv genießen. Es ist der heilige Wohnort unseres inneren Kindes, das liebevoll und fürsorglich umsorgt und genährt werden möchte, und das Tor zu unserer Lebenslust.

Damit das Sakralchakra seine Energie optimal entfalten kann, braucht es die Sicherheit und Stabilität eines harmonischen Wurzelchakras. Denn wenn wir ums tägliche Überleben kämpfen müssen, rücken Genuss und Lustempfinden in den Hintergrund. Das Befriedigen unserer Bedürfnisse bereichert uns mit Sinnlichkeit und Lebensfreude und nährt unsere Seele. Das Sakralchakra lässt uns die Welt mit allen Sinnen wahrnehmen und genießen.

In Verbindung mit seinem Element Wasser bringt es alles wieder ins Fließen: körperlich, geistig und emotional. Das Sakralchakra befreit unseren Körper von Schlacken und Giftstoffen, lässt uns aus festgefahrenen Denkmustern und Gewohnheiten heraustreten und unsere Emotionen intensiv fühlen und leben, wie Kinder es tun. Es beeinflusst, ob wir Zugang zu unseren Gefühlen haben, diese wahrnehmen und ausdrücken können.

Mithilfe eines gut ausgebildeten Sakralchakras kommen wir aus unserem Inneren ins Außen und bauen Beziehungen zu Menschen auf. Ein ausgeglichenes Geben und Nehmen in Beziehungen ist für dieses Chakra bedeutsam. Das spiegelt sich in der Partnerschaft in einer ausgewogenen Rollenverteilung wider, aber auch im ausgeglichenen Verhältnis von weiblichen und männlichen Aspekten, die jeder von uns in sich trägt.

Mit einem harmonischen Sakralchakra kommen wir unserem Bedürfnis nach Zärtlichkeit, Nähe und Intimität nach und können unsere Beziehungen erfüllend gestalten. Ein unbefangener und offener Zugang zur Sexualität ist für die optimale Entwicklung des Sexualchakras von Bedeutung. Die frei fließende sexuelle Energie bringt auch unsere schöpferische Energie in Form von Kreativität zum Ausdruck. Wir sprudeln über vor Ideen und dürfen Neues in die Welt bringen.

Wenn dein Sakralchakra in Harmonie ist, verleiht es deinem Leben Beweglichkeit, Spontanität und Abwechslung. Es bringt dich in den Fluss und schenkt dir Erfüllung, Lust und Lebensfreude. Je besser die Energie des Sakralchakras fließt, desto leichter wird auch alles andere, z. B. Geld und Liebe, zu dir fließen.

Mit dem Sakralchakra solltest du dich befassen, wenn dich diese Themen beschäftigen:

Körperliche Themen: Beschwerden im Unterleib, mit dem Harnleiter, den Lymphen oder dem Blutkreislauf • Blasenentzündungen • Nierensteine • Erkrankungen von Gebärmutter, Eierstöcken, Prostata oder Hoden • Probleme mit Körperflüssigkeiten (Blut, Schleim, Urin, Tränen, Speichel), Lymphe, Mund und Zunge • geschwollene Beine und Füße • Essstörungen • Appetitmangel • Störungen im weiblichen Zyklus • Menstruationsbeschwerden • mangelnde Libido • Orgasmusprobleme • Unfruchtbarkeit • starrer, steifer Körper • Rückenbeschwerden im Bereich der Lendenwirbelsäule

Psychische Themen: Beziehungsprobleme • Kreativitätsblockaden • schöpferische Krisen • Mangel an Lebensfreude • Schuldgefühle • Scham • Süchte • Eifersucht • Neid • Hemmungen • Ängste • zwanghaftes sexuelles Verhalten • sexuelle Lustlosigkeit

Wenn du einige dieser Fragen mit Ja beantwortest, darfst du dich deinem Sakralchakra widmen:

- Möchtest du dein Leben mehr genießen können?
- Mangelt es dir an Erfüllung, Sinnlichkeit und Freude?
- Neigst du zu übermäßiger Selbstdisziplin und Strenge?
- Ist das Geben und Nehmen in deinen Beziehungen unausgeglichen?
- Bist du übermäßig eifersüchtig oder neidisch?
- Weckt das Ausleben deiner Sexualität in dir Scham- oder Schuldgefühle?
- Möchtest du deine Sexualität und Sinnlichkeit mehr genießen?
- Findest du, dass andere Menschen viel kreativer sind als du?
- Hast du Angst vor Veränderungen und reagierst mit Widerstand?
- Möchtest du anpassungsfähiger sein?
- Leidest du unter Stimmungsschwankungen?

Das Solarplexuschakra

Das Solarplexuschakra ist der Sitz unserer Persönlichkeit, unserer Willens- und Lebenskraft. Es ist unsere innere Sonne, und sein Element Feuer lässt uns mit Begeisterung Ideen und Träume in die Tat umsetzen. Dieses Chakra aktiviert unsere mentale Stärke und Klarheit und unser Bewusstsein. Es wird auch als »Stadt der Juwelen« bezeichnet und beherbergt unsere Talente und Fähigkeiten, die wir zum Strahlen bringen dürfen. Es ist das Tor zu unserem Potenzial.

Wenn wir die Kraft des Solarplexuschakras bewusst und weise nutzen, können wir viel bewirken und erreichen. Die schöpferische Energie des Sakralchakras fließt zum Solarplexuschakra, durch das wir unsere Ideen mit Begeisterung und Leidenschaft umsetzen können.

Mit einem harmonischen Solarplexuschakra handeln wir eigenverantwortlich und selbstbestimmt, wir geben dem Leben eine klare Richtung, verfolgen unsere Ziele mit Ausdauer und dem nötigen Durchsetzungsvermögen und haben die Kraft, wieder aufzustehen, wenn uns etwas aus der Bahn geworfen hat. Wir stehen zu uns, unserer Macht, unserem Erfolg und haben keine Angst davor, uns zu zeigen. Daraus entwickeln sich ein gesundes Selbstbewusstsein und ein stabiles Selbstwertgefühl.

Im Solarplexuschakra liegt unser Bauchgefühl, und es verleiht uns die nötige Sensibilität und Wärme, die gemeinsam mit der mentalen Stärke unsere Persönlichkeit verfeinern. Wir sind fähig, intuitiv Entscheidungen zu treffen und danach zu handeln. Wir können uns in andere Menschen und Situationen einfühlen, sind aber auch in der Lage, uns abzugrenzen, wenn es nötig ist. Wir nehmen nicht alles persönlich und verdauen die gemachten Erfahrungen und Gefühle mit Leichtigkeit. Damit sind wir frei und unabhängig von anderen Menschen und gehen unseren eigenen Weg.

Wenn dein Solarplexuschakra in Harmonie ist, lässt du deine Persönlichkeit und deine Einzigartigkeit nach außen hin strahlen und damit dein Licht leuchten. Selbstbewusst gehst du deinen Weg und bist unabhängig von der

Meinung anderer. Du handelst mit guter Absicht zum Wohle aller und übernimmst Verantwortung für dein Tun. Du kannst dich selbst gut schützen, gesunde Grenzen ziehen und nimmst dir den Raum, den du brauchst, um dich selbst zu verwirklichen.

Mit dem Solarplexuschakra solltest du dich befassen, wenn dich diese Themen beschäftigen:

Körperliche Themen: Probleme mit den Verdauungsorganen (Magen, Leber, Galle, Bauchspeicheldrüse) oder der Milz • Diabetes • Sodbrennen • Ess- oder Brechsucht • Augenbeschwerden • Probleme mit dem Gewicht, dem Bindegewebe oder den Muskeln • Schlafstörungen

Psychische Themen: Ärger • Wutausbrüche • Zerstörungswut • Groll • Machtmissbrauch • mangelndes Selbstwertgefühl • Opferhaltung • nicht kritikfähig sein • manipulierende Handlungen • negative und begrenzende Gedanken • Selbstkritik • überhöhtes Kontrollbedürfnis • zu großer Ehrgeiz • Rücksichtslosigkeit • geringes Durchhaltevermögen • Energiemangel • Willensschwäche • Schüchternheit • Minderwertigkeitsgefühle • Selbstzweifel • hinunterschlucken statt mitteilen • Besitz- und Habgier • Ablehnung von Eigenverantwortung • mangelnde Abgrenzung • fehlender Selbstschutz • Abhängigkeit von Menschen • negative Glaubenssätze • übertriebenes Leistungsdenken • Autoritätshörigkeit

Wenn du einige dieser Fragen mit Ja beantwortest, darfst du dich deinem Solarplexuschakra widmen:

- Hast du Schwierigkeiten, dich für etwas zu begeistern?
- Sind dir deine Talente und Fähigkeiten nicht bewusst?
- Fehlen dir Ziele und Träume oder die Kraft, dich für diese einzusetzen?
- Bist du unfrei und fremdbestimmt in deinem Handeln?
- Nimmst du Kritik sehr persönlich und hast lang daran zu knabbern?
- Fehlt es dir an Willensstärke und Durchhaltevermögen?
- Schluckst du vieles runter, sprichst es nicht aus?
- Kannst du dich schwer von Menschen oder Situationen abgrenzen, die dir nicht guttun?
- Möchtest du deinem Bauchgefühl mehr vertrauen?

- Unterdrückst du häufig deine Wut?
- Fühlst du dich unsicher oder wertlos?
- Fehlt es dir an Selbstvertrauen?

Das Herzchakra

Das Herzchakra ist unser energetisches Zentrum, das alle unsere körperlichen, geistigen und seelischen Aspekte in sich vereint und unser ganzes Sein bestimmt. Es ist das Tor zur universellen Liebe. Durch dieses Chakra kommen wir mit uns selbst auf einer tieferen Ebene in Kontakt und in unsere Mitte.

Es lässt uns hingebungsvoll dem liebevollen Ruf unserer Seele folgen. Je mehr wir unser Herzchakra öffnen, desto mehr kann unsere Seelenenergie in uns einströmen und in unserem Leben wirksam werden. So werden auch die drei unteren Chakras und damit unser Sein, Fühlen und Handeln von der bedingungslosen Liebe durchwirkt. Ohne Liebe kann keine Bewusstseinserweiterung stattfinden. Somit ist das Herzchakra für die Entwicklung der höheren Chakras bedeutsam.

Durch das Herzchakra können wir all die tiefen Gefühle wie Trauer, Schmerz, Dankbarkeit, Wertschätzung, Kummer, Fürsorge, Mitgefühl und Liebe erfahren und verarbeiten. Es kann alles in sich vereinen: die größte Freude und den tiefsten Schmerz.

Öffnen wir dieses Chakra für andere Menschen, die Tiere, die Natur, die Schöpfung und uns selbst, verspüren wir eine tiefe Verbundenheit mit allem, was ist. Wir lassen uns zutiefst berühren, und auch andere werden durch unser offenes, mitfühlendes Herz berührt. Das Herzchakra ist mit dem Element Luft verbunden.

Ein offenes Herzchakra befähigt uns zur Selbstliebe. Wir nehmen uns so, wie wir sind, liebevoll und bedingungslos an, mit all unseren Schwächen und in unserer Unvollkommenheit, wodurch Veränderung geschehen kann. Wir betrachten Menschen, Ereignisse und Situationen mit Verständnis, Nachsicht, Toleranz, Offenheit und ohne Bewertung.

Wenn wir in der Lage sind, anderen und uns selbst zu vergeben, kann die Energie des Herzchakras wieder frei und ungehindert fließen, und wir befreien unsere Seele von Belastungen. Wir erkennen, dass die unendliche Quelle der Liebe in uns ist und wir in unserem tiefsten Herzenskern unantastbar und unverletzbar, also immer heil sind. Wir brauchen die absichtslose Liebe nur fließen zu lassen. Durch ihre heilsamen Schwingungen wird unser Leben verwandelt.

Wenn wir diese Liebe fließen lassen, durchströmt sie uns und unser Leben. So wird alles, was von Liebe geprägt ist, bei uns bleiben, und alles andere wird weichen. Was wir mit frohem Herzen tun, wird sich vermehren und uns Dankbarkeit und Freude schenken.

Wenn dein Herzchakra in Harmonie ist, strahlen Liebe und Herzlichkeit aus deinem ganzen Sein. Du lässt dich vom Leben berühren und verzaubern und bist zutiefst verbunden mit allen Wesen der Schöpfung. Selbst schwierige Situationen betrachtest du im Licht der Liebe. Du nimmst deine Herzensstimme wahr und folgst deinem Herzensweg. Du bringst dein innerstes Wesen hingebungsvoll zum Ausdruck und dienst dem Leben.

Mit dem Herzchakra solltest du dich befassen, wenn dich diese Themen beschäftigen:

Körperliche Themen: Herz-Kreislauf-Erkrankungen • Herzrhythmusstörungen • Herzrasen • erhöhte Cholesterinwerte • Durchblutungsstörungen • Blutdruckprobleme • Lungenerkrankungen • Asthma • Atembeschwerden • Bronchitis • Erkältungen •

Schmerzen im Brustwirbelbereich, in den Armen, Händen oder Schultern • Rheuma in den Armen oder Händen • Hauterkrankungen • Allergien • Immunschwäche • Infektionen

Psychische Themen: mangelnde Selbstliebe • Bitterkeit • Hass • Ablehnung • Intoleranz • Egoismus • Härte • Angst, verlassen, zurückgewiesen oder verletzt zu werden • Schwierigkeiten mit körperlicher oder emotionaler Nähe • Einsamkeit • Kontaktschwierigkeiten • Schwierigkeiten, Beziehungen einzugehen • Unfähigkeit, Liebe zu geben oder anzunehmen • kaum Zugang zu eigenen Gefühlen • Negativität • Pessimismus • nachtragend sein • Herzlosigkeit • Gefühlskälte • Teilnahmslosigkeit

Wenn du einige dieser Fragen mit Ja beantwortest, darfst du dich deinem Herzchakra widmen:

- Sind dir emotionale Nähe oder körperliche Berührungen eher unangenehm?
- Fällt es dir schwer, deine Gefühle wahrzunehmen und sie auszudrücken?
- Spürst du einen Mangel an Liebe in deinem Leben?
- Leidest du unter Einsamkeit?
- Ist es für dich schwierig, in Kontakt mit Menschen zu treten und dich auf sie einzulassen?
- Fällt es dir schwer, auf die Stimme deines Herzens zu hören?
- Hast du Angst vor emotionalen Verletzungen?
- Zeigst du dich nicht gern verwundbar?
- Bist du sehr selbstkritisch?
- Neigst du dazu, nachtragend zu sein?
- Hast du Schwierigkeiten, deine Mitmenschen mit Güte, Mitgefühl und Liebe zu betrachten?

Das Halschakra

Das Halschakra unterstützt uns gemeinsam mit seinem Element Äther (Raum), dem Wesen unserer Seele Ausdruck zu verleihen. Wir drücken uns nicht nur durch gesprochene Worte, sondern auch durch Gestik, Mimik, Schrift, Musik, Tanz, Kunst und vieles andere aus. Durch das Halschakra teilen wir die Energien aller anderen Chakras mit der Außenwelt: unsere Bedürfnisse, Gefühle, Ziele, Ideen, Visionen und Einsichten. Es ist das Tor zu unserer Wahrhaftigkeit.

Das Halschakra verbindet Kopf und Herz miteinander. Jeder von uns hat schon erlebt, wie herausfordernd es sein kann, Denken und Fühlen in Einklang zu bringen. Ein geöffnetes Halschakra lässt die Energien harmonisch in beide Richtungen frei fließen und ermöglicht uns, uns stimmig auszudrücken. Es verbindet zudem die innere und äußere Welt: Wir schenken unserer inneren Stimme, unserer Intuition, Gehör und folgen ihr. Auch das Empfangen von Botschaften aus der Geistigen Welt ist uns möglich.

»Vishuddha« ist das Sanskritwort für Halschakra und bedeutet »Reinheit«. Dieses Chakra unterstützt uns, alles, was uns auf körperlicher Ebene belastet, loszulassen, z.B. durch Seufzen, Gähnen, Spucken, Husten und Erbrechen. Über das Sprechen können wir ebenfalls etwas loswerden, denn Reden befreit. Wenn wir nicht sagen, was uns belastet, schlucken wir es runter. Dann liegt es uns schwer im Magen und belastet das Solarplexuschakra.

»Loslassen« bedeutet auch »geben«, »etwas in die Welt bringen«. Durch das Halschakra werden wir aufgefordert, unsere Gaben, unsere Kreativität und unser Sein von Herzen auszudrücken und mit anderen Menschen zu teilen. Körperliche Krankheiten, psychische Probleme und besondere Geschehnisse in unserem Leben lassen sich ebenfalls als Ausdruck der Seele deuten. Wir dürfen uns fragen, was unsere Seele uns dadurch mitteilen möchte. Was in unserem Leben ist im Ungleichgewicht?

Etwas klar formulieren, sich offen mitteilen, etwas auf den Punkt bringen, Herzenswünsche in Worte fassen … all das wird durch die Energie des Halschakras ermöglicht. Das Aussprechen oder Schreiben beschert uns Klarheit und ist der erste Schritt in die Handlung. Wir stehen zu uns selbst, können unsere Ideen, Meinungen und unsere innere Wahrheit in Worte fassen.

Die Worte, die wir zu anderen und zu uns selbst sprechen, und unsere Handlungen drücken aus, wie rein unser Herz, unsere Gedanken, unsere Absichten sind und damit auch unser Bewusstsein ist. Gut zuhören zu können und das zu hören, was zwischen den Zeilen gesagt wird, ist ein weiterer Aspekt des Halschakras.

Das Halschakra ermöglicht uns, unsere negativen Aspekte, unsere Schattenseiten, ehrlich zu durchleuchten. Wir dürfen uns fragen, wo wir uns selbst belügen, uns verstellen, verbiegen und vorgeben, jemand anderes zu sein. Wo wir zu viel auf andere hören und unsere eigene Wahrheit überhören. Wir lernen, zu sagen, was wir denken und fühlen, und zeigen uns, wie wir wirklich sind. Unser authentisches, natürliches Selbst wird sichtbar. Das führt uns zu mehr Wahrhaftigkeit und damit auch in die Freiheit.

Wenn dein Halschakra in Harmonie ist, bist du mit dir im Reinen. Du sprichst frei und von Herzen. Du formulierst deine Gedanken klar und teilst deine Wahrheit verantwortungsbewusst und freundlich mit. Du hast aber auch ein offenes Ohr für andere und kannst gut zuhören. Du stehst zu dir selbst, hast die Gabe, dein Tun und Sein immer wieder ehrlich zu hinterfragen, und erlaubst dir damit deine bestmöglichste Entwicklung. Du verleihst deinem wahrhaftigen Sein mit Freude Ausdruck.

Mit dem Halschakra solltest du dich befassen, wenn dich diese Themen beschäftigen:

Körperliche Themen: Verspannungen im Hals-, Nacken- oder Schulterbereich • Atemprobleme • Bronchitis • Halsschmerzen • Kehlkopf- oder Mandelentzündungen • Heiserkeit • Sprachstörungen • Schilddrüsenüber- oder -unterfunktion • Erkältungen • Ohrenschmerzen • Beschwerden mit Speise- oder Luftröhre • Probleme im Mundraum oder Kieferbereich • Zahnschmerzen

Psychische Themen: fehlender Selbstausdruck • nicht zuhören können • Angst, sich zu zeigen • Angst vor Kritik und Ablehnung • Selbstverurteilung • fehlende Verbindung zur Intuition • Angst, die eigene Meinung zu äußern • mangelnde Kreativität • Masken tragen • Schüchternheit • zu viel, zu laut, zu leise oder zu wenig sprechen • eigene Schattenseiten nicht wahrhaben wollen • nicht authentisch sein • Zwang, sich im Außen bestmöglich darzustellen • übertriebene Anpassungsfähigkeit oder Starrheit • Kommunikationsschwierigkeiten • Konflikte • Missverständnisse • Mangel an Ausdrucksmöglichkeiten

Wenn du einige dieser Fragen mit Ja beantwortest, darfst du dich deinem Halschakra widmen:

- Wirst du von anderen nicht gehört?
- Möchtest du dich klarer und verständlicher mitteilen?
- Übertreibst du gern etwas?
- Möchtest du kommunikativer sein?
- Kommt das Gesagte bei anderen nicht so an, wie du es meinst?
- Traust du dich nicht, deine eigene Meinung zu vertreten?

- Bist du manchmal unehrlich dir selbst gegenüber?
- Fehlen dir die richtigen Worte?
- Möchtest du dich auf eine ganz individuelle Art und Weise ausdrücken?
- Würdest du gern mehr auf deine innere Stimme hören?
- Magst du den Klang deiner Stimme nicht?

Das Stirnchakra

Das Stirnchakra, auch »Drittes Auge« genannt, verbindet uns mit unserer höheren Führung und erweitert unser Bewusstsein. Es ist das Tor zu unserer Intuition. Durch es können wir bildhafte Botschaften unserer Seele und der Geistigen Welt empfangen und uns von diesen inspirieren lassen. Wir haben Zugang zu übergeordneten Informationen und betrachten unser Leben von einer höheren Perspektive aus. Durch dieses Chakra sind wir in der Lage, weitsichtige Entscheidungen zu treffen, unserem Leben eine klare Richtung zu geben, unserer höheren Führung zu vertrauen und unseren Weg zu gehen.

Das Stirnchakra ist mit dem Element Geist verbunden und ermöglicht uns die Kontrolle über unsere Gedanken und damit auch geistige Freiheit. Wir können bewusst steuern, worauf wir unsere Aufmerksamkeit richten, und gezielt unsere Energie dorthin lenken. Die Energie des Stirnchakras ist schöpferisch. Durch unsere Vorstellungskraft kreieren wir Wunschbilder und Visionen, die wir durch die bewusste Ausrichtung unserer Energie manifestieren können.

Ein harmonisches Stirnchakra schenkt uns geistige Klarheit und einen reinen, ungetrübten Blick, wodurch wir sowohl die äußeren Welten als auch die innere Welt durchschauen können. Wir lernen, Wesentliches von Unwesentlichem zu unterscheiden, und können uns von Illusionen, Täuschungen und Begrenzungen befreien.

Wenn wir die Kraft dieses Chakras nutzen, sind wir zur Selbstreflexion fähig, wodurch sich unser Bewusstsein erweitert. Wir haben keine Angst, nach innen zu schauen und unsere blinden Flecken zu entdecken. Wir erkennen immer mehr unser wahres Selbst und erfahren, dass wir mehr sind als Körper, Gedanken und Gefühle. Wir spüren die Verbindung zu unserem Höheren Selbst und auch zu höheren Dimensionen unseres Seins.

Das Stirnchakra befähigt uns zur Selbsterkenntnis. Wir können Geschehnisse in unserem Leben deuten, den Sinn darin erkennen und Zusammenhänge intuitiv erfassen. Wir gewinnen Einsichten, die uns helfen, unser Leben immer wieder aus einer neuen Perspektive zu sehen und es auch infrage zu stellen.

Mithilfe der Energie des Stirnchakras werden wir den Ruf unserer Seele immer deutlicher vernehmen, und uns wird immer klarer, wozu wir hier auf Erden sind und zu welchem Menschen wir uns entwickeln möchten. Auch sind wir fähig, unser Leben radikal zu verändern, wenn uns das sinnvoll erscheint.

Wenn dein Stirnchakra in Harmonie ist, lässt du dich von deiner Intuition führen, und du gehst mit Klarheit und voller Vertrauen deinen Weg. Du fühlst dich in der materiellen Welt wie auch in der Geistigen Welt zu Hause. Du erlaubst dir, groß und weit zu denken und über das Vorstellbare hinauszugehen. Dank deiner Gedankenkraft und schöpferischen Energie ist es dir möglich, deine Visionen mit Leichtigkeit zu realisieren.

Mit dem Stirnchakra solltest du dich befassen, wenn dich diese Themen beschäftigen:

Körperliche Themen: Augenerkrankungen • Sehstörungen • Kopfschmerzen • Migräne • Nebenhöhlen- oder Stirnhöhlenentzündungen • Schnupfen • schnupfenähnliche Allergien • Erkrankungen des Nerven- und Immunsystems • Beschwerden im Gesichts- oder Nasenbereich • Gehirnerkrankungen • Gedächtnisprobleme

Psychische Themen: Angst, nach innen zu schauen • verzerrte Wahrnehmung • mangelndes Einsichtsvermögen • Midlife-Crisis • Sorgen und Ängste, die die Wahrnehmung trüben • Überbetonung des Verstandes • »Scheuklappen« vor den Augen • etwas nicht wahrhaben wollen • Neid • Konzentrationsschwäche • Gedankenflucht • Vergesslichkeit • Verwirrung • Kopflastigkeit

Wenn du einige dieser Fragen mit Ja beantwortest, darfst du dich deinem Stirnchakra widmen:

- Möchtest du dich besser konzentrieren und auf etwas fokussieren können?
- Deiner Fantasie freien Lauf zu lassen, ist dir eher fremd?
- Kannst du dich kaum an deine Träume erinnern?

- Neigst du dazu, deinen Verstand überzubetonen?
- Fallen dir Entscheidungen schwer?
- Hast du den Eindruck, im Leben auf dich allein gestellt zu sein?
- Fällt es dir schwer, deinen intuitiven Impulsen nachzugehen?
- Möchtest du dich und dein Leben aus einer neuen Perspektive wahrnehmen?

Das Kronenchakra

Das Kronenchakra schenkt uns das Gefühl von tiefer Verbundenheit mit allem, was ist. Wir verstehen uns und alles Sein als Teil der Schöpfung und können in allem den göttlichen Funken erkennen. Das Kronenchakra ist das Tor zum höheren Bewusstsein. Ihm ist kein stoffliches Element zugeordnet, sondern reine Essenz, die auch als »universelles, kosmisches Bewusstsein«, »Quelle allen Seins«, »Nichts«, »Göttlichkeit« oder »göttliche Liebe« bezeichnet wird.

So, wie das Wurzelchakra unsere irdische Heimat symbolisiert, steht das Kronenchakra für unser geistiges Zuhause, unseren Ursprung, zu dem wir zurückkehren. Über das Kronenchakra treten wir in das göttliche Paradies ein. Dazu müssen wir nicht erst sterben, sondern wir können bereits in unserem irdischen Leben den Himmel auf Erden erleben.

Das Kronenchakra ermöglicht uns, das Leben bewertungsfrei zu erfahren, innere und äußere Begrenzungen aufzulösen und die Illusion der Getrenntheit abzustreifen. Durch dieses Chakra erlangen wir Erkenntnis, Wissen und Weisheit in deren höchsten Formen. Wir verstehen Zusammenhänge und Bedeutungen auf universeller Ebene, sind nicht mehr an die materielle Welt gebunden. Wir sind frei und erleben uns im reinen Sein.

Die Energie des Kronenchakras können wir als Stille, Weite, ausgedehnten, unendlichen Raum, Leere, tiefen Frieden, Losgelöstheit, Verschmelzung, reines Sein ohne Denken, grenzenlos, zeit- und raumlos, reine Präsenz und Glückseligkeit wahrnehmen.

Für die vollständige Aktivierung des Kronenchakras ist eine gute Erdung besonders wichtig. Zudem müssen sich alle unteren Chakras in Harmonie befinden. Je verwurzelter und bodenständiger wir sind, desto höher und weiter kann sich unser Bewusstsein ausdehnen, ohne dass wir uns verlieren, und desto besser können wir die Energie des Kronenchakras in unserem Alltag nutzen. Diese Energie lässt uns auf allen Ebenen ganz und heil werden. Sie schenkt uns Vollendung und vielleicht auch die Erleuchtung, wenn die Kundalini-Energie aus dem Wurzelchakra das Kronenchakra erreicht.

Das Leuchten des Kronenchakras (auf Heiligenbildern der Heiligenschein) stellt den krönenden Abschluss des spirituellen Weges dar. Das göttliche Licht strahlt über den Menschen hinaus, wird sichtbar, und wir erreichen unser höchstes spirituelles Bewusstsein.

Wenn dein Kronenchakra in Harmonie ist, bist du direkt an die kosmischen Energien angebunden, und dir wird das Wissen zuteil, das du brauchst, um deinen Lebensweg in vollem Vertrauen zu gehen. Du erreichst Selbstverwirklichung, indem du deinen Seelenauftrag erkennst und ihn entsprechend lebst. Du gestaltest dein Leben in inniger Verbundenheit mit der Schöpfung und kannst in allem, was ist, den göttlichen Funken erkennen.

Mit dem Kronenchakra solltest du dich befassen, wenn dich diese Themen beschäftigen:

Körperliche Themen: Parkinson • Epilepsie • Demenz • Schlaflosigkeit • Schlafstörungen • Nervenleiden • Multiple Sklerose • Migräne • Verwirrung • chronische Krankheiten • Krebs • Immunschwäche • Energielosigkeit • Erschöpfung

Psychische Themen: Depression • Suizidgefährdung • Schizophrenie • Ängste • Festhalten an materiellen Dingen • Selbstsucht • Gefühle von Mangel, Einsamkeit, Leere oder Machtlosigkeit • Orientierungslosigkeit • Opferhaltung • Weltschmerz • Dumpfheit • geistige Erschöpfung • Unzufriedenheit • keine Entscheidung treffen können • fehlende höhere Ziele • Illusion der Trennung vom Göttlichen

Wenn du einige dieser Fragen mit Ja beantwortest, darfst du dich deinem Kronenchakra widmen:

- Mangelt es dir manchmal an Lebenswillen und Lebensmut?
- Hast du neben materiellen Zielen keine höheren Ziele?
- Möchtest du wissen und darauf vertrauen, dass alles gut ist, wie es ist?
- Neigst du zu depressiven Stimmungen, Trübsal oder Melancholie?
- Fehlt es dir an Glauben?
- Fühlst du dich allein und nicht angebunden?
- Glaubst du, dass mit dem Tod alles vorbei ist?
- Kannst du Stille nicht gut aushalten?
- Ist dir die Erfahrung von Einssein fremd?

Zum Abschluss

Während der Arbeit an diesem Kartenset haben die Themen und Energien aller Chakras intensiv in mir gewirkt. Das Wurzelchakra ließ mich erkennen, wo ich mich in Vertrauen üben durfte, wenn Ängste auftraten. Das Sakralchakra hielt mich an, es einfach fließen zu lassen und mir trotz der vielen Arbeit genussvolle Auszeiten zu schenken. Das Solarplexuschakra gab mir das nötige Durchhaltevermögen und ließ mich erkennen, was ich erreichen wollte. Von der Energie des Herzchakras ließ ich mich liebevoll leiten. Durch das Halschakra vermochte ich es, meine Ideen und Vorstellungen klar zu Papier zu bringen. Die intuitive Energie des Stirnchakras versorgte mich immer wieder mit wertvollen Impulsen. Die geistige Idee zum Kartenset konnte erst mithilfe der himmlischen Anbindung durch das Kronenchakra in die materielle Welt kommen.

Die Energie der Chakras hilft dir, verschiedenste Lebenssituationen und -phasen, Projekte und Herausforderungen bewusster und mit mehr Leichtigkeit zu meistern. So kannst du dich jederzeit und überall fragen: »Welche Chakraenergie ist in meinem

Leben präsent?«, »Welchen Qualitäten sollte ich mehr Aufmerksamkeit schenken?«, oder: »Welche Fähigkeit darf ich noch entfalten?« Die Energie der Chakras befähigt dich, dich immer weiter zu entwickeln, über dich hinauszuwachsen und deine Potenziale zu leben.

Ich wünsche dir, dass dieses Kartenset dir immer wieder genau jene Impulse schenkt, die für deine Selbstverwirklichung wegweisend sind.

Von Herzen
deine Susanne

Über die Autorin

Susanne Steidl ist seit 2003 als selbstständige Trainerin und Coachin in den Bereichen Energiearbeit, Bewusstseins- und Persönlichkeitsbildung tätig. Ihre Erfahrung gibt sie in Ausbildungen, Seminaren und Beratungen weiter. Die Energie der Chakras fasziniert sie schon seit vielen Jahren. In ihren Chakraseminaren gibt sie Menschen einfache und zugleich effiziente Methoden an die Hand, um die Chakraenergie auszugleichen, zu stärken und damit das Bewusstsein zu erweitern.

Im Schirner Verlag sind bereits zwei Bücher von ihr erschienen: »Gute-Gefühle-Tipps – 10 Ideen, die dein Leben positiv verändern« und »Entdecke deine intuitive Energie – Erfahre Klarheit und Führung in deinem Leben«.

www.susanne-steidl.com

Über die Künstlerin

Corinna Insam lebt in Südtirol (Italien) und ist ausgebildete Grafikerin. Sie unterrichtet Kunst an Südtirols Mittelschulen und arbeitet als Grafikerin und Illustratorin an verschiedenen kreativen Projekten mit. Sie praktiziert seit 20 Jahren Yoga und hat sich in dieser Zeit intensiv mit der Yogaphilosophie, den Chakras und dem Zugang zu ihrer Intuition auseinandergesetzt. Das dabei erworbene Wissen und die Erfahrung in diesem Bereich bilden die Basis für die Gestaltung der Bilder dieses Kartensets.

www.facebook.com/corinna.insam

Quellen und Inspirationen

Einen besonderen Dank an Sieghard Gostner für seine wertvolle Unterstützung zum Thema »Yoga«. Einen lieben Dank an Rosmarie Waldauf, die mir mit ihrem fachkundigen Wissen in der Naturheilkunde zur Seite gestanden hat.

- Brenda Davies: Chakras. Tore zur Seele. Heyne Verlag 2007
- Cyndi Dale: Der Energiekörper des Menschen. Handbuch der feinstofflichen Anatomie. Lotos Verlag 2012
- Gabriela Haenseler: Yoga-Welten. Die Energie der Chakren. BLV Verlag 2017
- Kalashatra Govinda: Chakra Praxisbuch. Spirituelle Übungen für Gesundheit, Harmonie und innere Kraft. Goldmann Verlag 2006
- Karin Furtmeier, Regina Sadika Schuster: Pflanzenkraft für die 7 Chakras. Selbstheilung mit dem Wissen der Natur. BLV Verlag 2016
- Maria L. Schasteen: Duftmedizin. Ätherische Öle und ihre therapeutische Anwendung. Crotona Verlag 2016

- Reinhard Stengel: Chakren fühlen, ausgleichen und anregen. Schirner Verlag 2013
- Richard Hackenberg, Ralph Skuban: Das Chakra-Yoga Praxisbuch. Aquamarin Verlag 2015
- Sabine Hauswald: Hormone bewegen mein Leben. Den weiblichen Hormonhaushalt natürlich ausbalancieren. Schirner Verlag 2018
- Shalila Sharamon, Bodo J. Baginski Das Chakra-Handbuch. Eine umfassende Anleitung zum Harmonisieren der Energiezentren durch Klänge, Farben, Edelsteine, Düfte, Atemtechniken, Naturerfahrungen, Reflexzonen und Meditationen. Windpferd Verlag 2007

- www.wiki.yoga-vidya.de
- www.chakren.net
- www.glücksplanet.de
- www.lichtkreis.at
- www.de.wikipedia.org/wiki
- www.aromaeveryday.com
- www.lotuscrafts.eu/blog/fuenf-mudras-meditation
- www.businessyoga.it

Das Chakra-Handbuch für jeden Tag

Susanne Steidl
Chakra-Energie
Handbuch für jeden Tag
176 Seiten
ISBN 978-3-8434-1455-5

Durch die bewusste Verbindung mit der Erde das Wurzelchakra stärken, mit einer Detox-Kur das Sakralchakra anregen oder mit Lavendelduft das Stirnchakra klären – die Möglichkeiten, unsere feinstofflichen Energiezentren zu harmonisieren, sind sehr umfangreich.
Die erfahrene Energiearbeiterin Susanne Steidl führt uns in die Welt der Chakras ein, die großen Einfluss auf unser körperliches, seelisches und geistiges Wohlbefinden haben. Ob wir unsere Gesundheit fördern, unsere Beziehungen beleben oder unsere persönliche Entwicklung vorantreiben wollen: Mit den vielseitigen Übungen und Tipps gelingt es uns ganz leicht, die Energie der Chakras zu aktivieren und frei fließen zu lassen. So können wir auf allen Ebenen aus dem Vollen schöpfen und unserem Leben neuen Schwung verleihen.

Schirner Verlag

Bildnachweis

Chakrabilder auf den Karten, der Schachtel und dem Umschlag des Begleitbuchs: © Corinna Insam

Yogapositionen auf den Karten: © Elena Lebsack, Schirner

Von der Bilddatenbank www.shutterstock.com:
Ornamente auf den Karten, der Schachtel und im Begleitbuch: # 269129831 (© An Vino)
vielfarbiger Hintergrund auf der Karte mit der Lage der Chakras, der Schachtel und dem Umschlag des Begleitbuchs: # 714152803 (© mim.girl)
Mudras auf den Karten: # 772760569 (© Sergey Shenderovsky)